Unser Stadion

Hajo Steinert, geb. 1952, lebt in Köln, Leiter Kulturelles Wort und Literatur beim Deutschlandfunk, Autor von Büchern und Geschichten über deutsche Literatur und zum Fußball. Zuletzt: »Schnellkurs Fußball« (Köln 2002) und »Ich bin Garrincha. Die WM 1962 in Chile« (Frankfurt 2004).

Für Friedrich

1. Auflage 2004

Lektorat: Astrid Roth, Köln
Umschlaggestaltung, Satz und Layout: Designbüro cobaltundco, Ute Lübbeke, Köln

ISBN 3-462-03549-5

Hajo Steinert

Unser Stadion

Geschichte(n), Legenden, Schicksale ...

GEW RheinEnergie

KÖLN KOMPAKT

KIWI Köln

INHALT

[VORWORT

Liebe Leserinnen und Leser

Die GEW RheinEnergie versorgt nicht nur die Stadt und deren Umland mit Strom, Wasser und Gas. Wir fördern außerdem Soziales, Kultur und Sport. So haben wir die GEW-Stiftung ins Leben gerufen, die sich nachhaltig im sozialen und wissenschaftlichen Bereich engagiert. Seit dem Jahr 2000 verleihen wir alljährlich den Kölner Medienpreis. Wir engagieren uns über den Stadtsportbund bei allen Amateur-Vereinen und haben Sponsoring-Verträge mit dem 1. FC Köln, den Kölner Haien, dem VfL Gummersbach und mit dem Kölner Basketballteam RheinEnergie Köln. Nicht zuletzt haben wir dazu beigetragen, dass Köln seit dem Jahre 2004 ein schönes und zukunftstaugliches Fußballstadion besitzt, das zum Zeichen unserer Verbundenheit auch den Namen RheinEnergieStadion trägt.
All diese Aktivitäten sollen dazu beitragen, unsere Region für ihre Bewohner und die Gäste aus dem In- und Ausland attraktiver zu machen. Daher ist es uns auch eine große Freude, zum Gelingen der hier vorliegenden Buchreihe Köln Kompakt beizutragen. Die Reihe wird Band für Band die sichtbaren Schönheiten sowie die verborgenen Schätze unserer Stadt beleuchten. Aufgrund ihrer attraktiven Gestaltung bei gleichzeitig unwiderstehlichem Preis passt sie hervorragend zu unserem Unternehmensmotto – fair und nah!

Viel Vergnügen bei der Lektüre wünscht
Ihr
Helmut Haumann
Vorsitzender des Vorstands der GEW RheinEnergie AG

Steilpass in die Zukunft: das RheinEnergieStadion

[»KUMM LOSS MER FIERE«

Beim Rückrundenstart am 31. Januar 2004 ist es so weit. Alle Ränge des RheinEnergieStadions sind endlich von der untersten bis zur obersten Stufe fertig gestellt und die Tribünen sind voll besetzt. 722 Tage nach dem Beginn des Neubaus am 20. Dezember 2001. Erstmals seit dem 7. Dezember 1996 finden wieder über 50.000 Zuschauer bei einem Bundesligaspiel in Köln Platz. Die Stimmung ist von der ersten bis zur letzten Minute fantastisch. »Come on FC!« steht auf den Trikots der Spieler. Zum ersten Mal seit sechs Jahren gewinnt der 1. FC Köln gegen den Erzrivalen Borussia Mönchengladbach 1:0. Torschütze: der 18-jährige Lukas Podolski, die neue Lichtfigur im FC-Dress. Es scheint, das neue Stadion bringt wirklich Glück.
Zur Einstimmung spielen die Höhner live die FC-Hymne »Mer stonn zo dir«. Die Begrüßung des Stadionsprechers Michael Trippel »in der schönsten Stadt Deutschlands« fällt selbstbewusster denn je aus. Der Präsident des FC trägt stolz seinen FC-Schal. Ministerpräsident, Sportminister, Oberbürgermeister, der Vorstandsvorsitzende der GEW RheinEnergie – alle sind dabei. Die rot gekleideten Cheerleader tanzen reizender denn je. Sie scheinen noch angestachelt vom letzten Punktspiel vor der Winterpause gegen Hertha BSC (3:0) am 16. Dezember 2003, als sie sich nach dem Schlusspfiff mit hübschen Nikolausmützchen auf der Mittelkreislinie versammelten und ein

Transparent mit der Aufschrift »Rot-weiße Weihnachten« an die siegreichen Geißböcke übergaben.
In der Südkurve ist wieder der Teufel los. Die Wilde Horde, der etwas andere FC-Fan-Club, sorgt für eine irre Choreografie. Auf dem Oberrang der Südtribüne wird eine 1800 Quadratmeter große Blockfahne mit dem Stadt- sowie dem Vereinswappen entrollt. Vom Oberrang hängt ein Banner mit acht roten Rittern hinunter zum Unterrang, wo 400 »FC-Ritter« beim Einlaufen der Mannschaften ihre silbern glänzenden Pappschwerter in die Höhe strecken, um, wie auf einem Spruchband zu lesen ist, »den Kampf der roten Ritter gegen die grünen Bauern« aus Mönchengladbach spielerisch anzudeuten.
So laut wie heute schallte das zwischen Süd- und Nordkurve hin und her wogende »1. EC Kö-heln – 1. FC Köheln« noch nie in den Müngersdorfer Himmel. Und so inbrünstig wie an diesem Tag wurden die karnevalistischen Evergreens lange nicht mehr gesungen: »Denn wenn dat Trömmelche jeiht/dann stonn mer all parat ...« Selbst der Schiedsrichter war beeindruckt von der Kulisse. Er pfiff so gut wie lange nicht mehr.
Die Südtribüne entwickelt sich mit ihren insgesamt fast 14.000 Steh- und Sitzplätzen mehr und mehr zu einem Kunstforum der besonderen Art. Kein Spiel ohne Vernissage. Unvergesslich auch die Stimmung im Stadion am 7. Dezember 2003 vor dem Spiel gegen Bayer Leverkusen (0:0). Die Besucher auf dem Oberrang der Südtribüne

Viva Colonia! Endlich wieder über 50.000.

wurden mit roten und im Schein der 1500 Lux starken Fluchtlichtanlage silbrig schimmernden weißen Papptafeln bewaffnet. Beim Einlaufen der beiden Mannschaften wurden sie von 15.000 Händen hochgestreckt. Inmitten eines roten Farbenmeers tauchte in riesigen Lettern der Schriftzug »Kölle« auf. Im Unterrang wurde eine selbst gemalte, 920 Quadratmeter große Blockfahne mit der Kölner Skyline als Motiv entrollt. Und noch eine mit der weniger schönen Silhouette der Stadt Leverkusen. 1500 FC-Fans im Unterrang zogen demonstrativ Schutzmasken über – Karneval in Kölle!

An keinem anderen Ort in dieser Stadt wird lokale Identität so inbrünstig zelebriert wie in unserem Stadion. An keinem anderen Ort der Welt lässt sich Fußball so rauschhaft genießen wie im Stadion. Nur hier bekommt man die ganze Breite und Schönheit des Spiels geboten, nur hier ist die Stimmung authentisch. Im Stadion sieht man ein Fußballspiel in der Totalen, im Fernsehen sieht man nur einen Ausschnitt. Im Stadion lassen sich Spielsystem und Taktik auf Grundlage des selbst bestimmten Blicks studieren, man kann hinsehen, wohin mal will. Im Fernsehen dagegen wird der Blick gelenkt, man bekommt immer nur das zu sehen, was einem die Kameramänner und Regisseure servieren. Was die Kommentatoren erzählen, wissen informierte Stadiongänger selbst. Sie lesen vor dem Spiel die aktuelle Ausgabe des GeißbockEcho. Wer unbedingt das gefallene Tor in der Wiederholung sehen will – bitte, auch das bietet einem das Stadion. Das RheinEnergieStadion ist mit zwei gigantischen Videobildschirmen ausgestattet, die einem in der Halbzeit und am Ende des Spiels die aufregendsten Szenen des Spiels noch einmal zeigen.

[STADION IM GRÜNGÜRTEL

Das RheinEnergieStadion ist mehr als ein Fußballplatz mit Rasen, Tribünen, Anzeigentafel, Dach und Flutlichtmasten. Mit seinen weithin sichtbaren vier über 70 Meter hohen Lichttürmen, zwischen denen großzügig geschwungene Drahtseile hängen, ist es ein neues Wahrzeichen der Stadt. Architektonisch korrespondiert es mit anderen für Köln typischen Bauwerken: den Rheinbrücken und der Kölnarena. Manche vergleichen es mit der Golden Gate Bridge in der San Francisco Bay. Auch diese Bauwerke werden von großzügigen Bögen und straffer Bodenständigkeit geprägt.
Wann immer in Köln ein neues Stadion gebaut wurde, setzte man damit Maßstäbe. Dreimal am gleichen Platz. Das erste wurde am 16. September 1923 feierlich eröffnet. Mit seinen drei »Kampfbahnen«, einem Reitplatz, einem Schwimmbad, den »Jahnwiesen«, Hockey- und Tennisplätzen sowie der »Hauptkampfbahn« war der »Ideal-Sportpark« Müngersdorf seinerzeit der mit Abstand größte in Deutschland. Eingebettet in einen Sportpark mit vielen alten und neuen Bäumen, Spielwiesen, diversen Sportplätzen und Hallen, der Sporthochschule und dem Schwimmstadion fügt sich das RheinEnergieStadion harmonisch in die Landschaft ein. Ja, es vervollkommnet sie. Es liegt in unmittelbarer Nähe zum Adenauer Weiher, dem klassischen Ausflugslokal »Landhaus Kuckuck«, dem Gelände

Erst die Rasenheizung – dann der Rasen.

des traditionsreichen Hockey- und Tennisclubs »Rotweiß« und zu anderen beliebten Freizeitstätten am Grüngürtel. Das 1975 fertig gestellte neue »Müngersdorfer Stadion« war hierzulande die erste rundum mit einem Tribünendach und darüber hinaus mit zwei versetzt übereinander liegenden Rängen versehene Arena für Fußball und Leichtathletik. Heute ist das RheinEnergieStadion eine der modernsten und am schönsten gelegenen Fußballarenen in Deutschland. Die sich im Süden an den Stadionkomplex unmittelbar anschließende kilometerlange Parklandschaft mit Seen, Bootsverleih, Fahrrad- und Spazierwegen, Joggingstrecken, dem Gartenlokal »Haus am See«,

dem Klubhaus »Geißbockheim« mit Blick auf die Trainingsplätze des 1.FC Köln ist seit Jahrzehnten eines der beliebtesten Naherholungsgebiete der Kölnerinnen und Kölner.
Auch wenn es deutlich höher als das alte Müngerdorfer Stadion gebaut ist, mit seinem Gesamtumfang von 860 Metern (Länge 220,15 Meter, Breite 180,15 Meter) wirkt das RheinEnergieStadion nicht pompös. Nichts Angeberisches, Größenwahnsinniges haftet ihm an. Eine Augenweide. Als Ende 2000 ein europaweiter »offener Realisierungswettbewerb« der Stadt Köln in Zusammenarbeit mit dem 1.FC Köln und der Kölner Sportstätten GmbH ausgelobt wurde, hieß es im Kurzprofil der Wettbewerbsaufgabe: »Der Umbau des Stadions muss bei laufendem Spielbetrieb erfolgen und bis spätestens zum 31. Januar 2004 abgeschlossen sein. (...) Für die Gesamtkosten der Maßnahme ist vom Rat der Stadt Köln eine Kostenobergrenze von 180 Millionen DM/netto festgesetzt worden.«
Bis zum 17. Februar 2001 hatten 69 Bewerber Entwürfe eingereicht. Sieben wurden von einem 15-köpfigen Preisgericht in die Endauswahl genommen. Um Klüngel zu vermeiden, blieben die Bewerber für die Jury anonym. In einer zweiten Phase des Wettbewerbs mussten die ausgewählten Architektenbüros darlegen, mit welchem Bauträger sie ihre Entwürfe zu realisieren trachteten. Am 13. Juni stieg weißer Rauch auf. Der Entwurf der Architektengruppe gmp (Meinhard van Gerkan, Volkwin Marg

und Partner) bekam den Zuschlag. Am 31. Juli wurde der Beschluss zur Vergabe des Bauauftrags an das Bauunternehmen Max Bögl GmbH & Co. KG aus Neumarkt in der Oberpfalz bekannt gegeben. Am 4. August 2001, dem zweiten Spieltag der neuen Saison, wurde das neue Stadion »mit englischem Flair« in Form einer Computeranimation zum ersten Mal im GeißbockEcho gezeigt. Zu allem Glück gewann der FC an diesem Tag 2:0 gegen 1860 München und stand in der Tabelle so hoch wie vorerst nicht wieder in der Ersten Liga: vierter Platz! Und am 11. September 2001 erteilte der Rat der Stadt Köln der Kölner Sportstätten GmbH, die den Bärenanteil der Kosten übernimmt, grünes Licht. Der Bau konnte beginnen. Beide beauftragten Unternehmen sind in Sachen Stadionbau keine Unbekannten. Auch das neue Frankfurter Waldstadion liegt in ihrer baulichen Obhut. Das Architektenteam gmp war in den vergangenen 35 Jahren in nahezu allen großen Städten der Bundesrepublik aktiv. Die Projektpalette reicht von Hotels, Museen, Theatern, Konzerthallen, Krankenhäusern bis hin zum Flughafen Tegel in Berlin. Das philosophische Bekenntnis der Architekten: »Einfachheit. Einheit in der Vielfalt. Identität mit dem Ort. Strukturelle Ordnung.«

Ein Blick auf das neue Stadion offenbart, was die Architekten meinen: Es geht nur darum, einem Fußballspiel einen perfekten Austragungsort und eine angemessene Aura zu bieten. Selbst die mächtigen vier Lichttürme dienen nicht nur der Beleuchtung, sie haben auch eine tragende Funktion. An ihnen ist, etwa auf halber Höhe, das Stadiondach befestigt. Es liegt in einer Höhe von 33,25 Metern. Das Ineinandergreifen von rechten und spitzen Winkeln, Masten sowie – gemessen am Volumen des Bauwerks – geradezu filigran anmutenden Säulen geben dem Bauwerk ein klares, beruhigendes Flair. Ein Fußballtempel. Die großzügig bemessenen gläsernen Flächen ermöglichen klare Sichtverhältnisse und nehmen dem Gebäude jeden Anflug von Bedrohlichkeit. Das RheinEnergieStadion strahlt eine Gelassenheit aus, die als Korrektiv wichtig ist an einem Ort, der sich gelegentlich in ein Tollhaus oder einen »Hexenkessel« verwandelt.

Identität mit dem Ort heißt auch Wahrung von Tradition. So wurden die heute unter Denkmalschutz stehenden, 1926 von Adolf Abel aus Ziegelstein gebauten Eingangsgebäude am Marathontor in die bauliche Neugestaltung integriert. Sie gemahnen an die Historie des würdevollen Ambientes. Auf der gegenüberliegenden Seite, zwischen Jahnwiesen und Südtribüne, landet ein energisch getretener Fußball von fünf Metern Durchmesser in einem 18 Meter hohen stählernen Tornetzfragment – das optimistisch stimmende Motiv einer Skulptur des Kölner Metallbildhauers Wolfgang Göddertz mit dem Namen »Ball im Netz«. Unser neues Stadion und sein räumliches Umfeld bestätigen den international renommierten Ruf, den Köln als Kunstmetropole genießt.

[DYNAMIT UND SEKTKORKEN

Das RheinEnergieStadion bietet Sport, Spiel und Spannung, Theater, Karneval und Sängerwettstreit, Party, Kunst und Modenschau, Ballett, Zirkus und Trimm-dich-Pfad (wenn man ganz hoch muss, bis unters Dach), und auf die gute alte Bockwurst mit Senf im Stehen nebst einem köstlichen Kölsch braucht auch in Zukunft keiner zu verzichten. Das RheinEnergieStadion ist ein Gesamtkunstwerk, gefordert von fußballbesessenen Bürgern der Stadt, initiiert von einer hellsichtigen Vereinsführung, einstimmig beschlossen von entscheidungsfreudigen Stadtpolitikern, abgesegnet vom höchsten katholischen Würdenträger der Stadt, gefördert von umtriebigen Sponsoren, entworfen von kreativen Architekten und in die Tat umgesetzt von einem Bauunternehmen, das auf vorbildliche Weise die Termine einhielt und im Rahmen des vorgegebenen Kostenvolumens blieb. Kein anderes von den großen Bauprojekten in Köln im begonnenen zweiten Jahrtausend (Nord-Süd-Bahn, Rheinauhafen, ganz zu schweigen vom »Loch« am Neumarkt, wo ein neues Kunstzentrum entstehen sollte) ging so reibungslos über die Bühne wie der Neubau in Müngersdorf. Und es bleibt abzuwarten, ob sich die geplanten Wolkenkratzer am Messegelände in Deutz so harmonisch in die Stadtlandschaft einfügen wie das neue Stadion.

Es knallt und zischt, funkt und qualmt, erst Sektkorken,

dann Dynamit. Gottlob wurde niemand verletzt, aber für die Fans gestaltete sich in der Umbauphase jedes Heimspiel zur Völkerwanderung über einen Abenteuerspielplatz. Nach und nach folgten die Sprengungen beziehungsweise der Abriss der vier Tribünen. Ein Block nach dem anderen begaben sich die Zuschauer auf die Suche nach einer neuen Heimat. Die Dauerkartenbesitzer aus der platt gewalzten Südkurve emigrierten in die Nordkurve und mussten das Spiel von einer Tribüne aus ansehen, wo sonst nur die in schwarzem Leder gekleideten »Südtstadboyz« den Ton angeben und ihre Transparente aufhängen. Aber das dauernde Umherziehen hat weder der Fan- noch der Spielkultur des 1. FC Köln einen bleibenden Schaden zugefügt. Die Mannschaft ging in der Baustelle Müngersdorf unter und stieg wie Phönix aus der Asche in den Ruinen. Nach einem Jahr Zweiter Liga ging es wieder hoch in das Oberhaus des deutschen Fußballs. Horror und Euphorie – das Stadion beschert dem sensiblen Gemüt ein Wechselbad der Gefühle wie kaum ein anderer Ort auf dieser Welt.

Vielleicht sind es gerade die provisorischen Verhältnisse, die den 1. FC Köln zu Höchstleistungen motivieren. Wie damals beim Bau des Müngersdorfer Stadions, als der FC vorübergehend auf dem Platz mit der Radrennbahn antreten musste. Man denke nur an das fulminante 7:0 gegen den 1. FC Union Berlin am 7. Oktober 2002 vor 21.000 Zuschauern. Drei Tore fielen in den ersten neun

Minuten. Der höchste Sieg des FC in einem Bundesligaspiel seit dem 8:0 gegen Schalke 04 am 8. November 1969 und dem 8:0 gegen Eintracht Braunschweig am 8. September 1979.
Es gab in der Phase des zweijährigen Umbaus der vier Tribünen kein Spiel, bei dem weniger als 20.000 Zuschauer anwesend waren. Selbst bei den grottenschlechten Auftritten gegen Mainz 05 am 26. März 2003 (1:4) und – der Aufstieg stand gottlob schon fest – gegen Eintracht Trier am 19. Mai 2003, dem (vorläufig) letzten Heimspiel in der Zweiten Liga, kamen jeweils um die 30.000 Fans. Zum Vergleich: Selbst in der Saison nach dem Erlangen der Deutschen Meisterschaft 1978 kamen im Schnitt nur 21.512 Zuschauer.

[DIE SÜDTRIBÜNE IN NEUEM GLANZ

Die Umbauarbeiten begannen offiziell am Donnerstag, den 20. Dezember 2001, pünktlich um 11.30 Uhr. Oberbürgermeister Fritz Schramma legt mit Hand an und schwelgte in Optimismus, was die Bewerbung Kölns um die Teilnahme an der WM 2006 betrifft. FC-Präsident Albert Caspers und Bauunternehmer Max Bögl beschworen in patriotischen Reden die Fußballbegeisterung in Köln, die glorreiche Zukunft des hiesigen Bundesligavereins und seiner Fans sowie den vorbildlichen Verlauf der

Letztes Rendezvous in der alten Südkurve.

Bauarbeiten. Dagegen mulmige Gefühle bei den Fans, als um 11.11 Uhr am 7. Januar 2002 mit der Sprengung der Südkurve begonnen wurde. Am Tag danach die Vollendung des Kraftakts. 40 Kilogramm Dynamit legten den Rest einer Kölner Kultstätte in Schutt und Asche. Über 5000 Sitze auf dem Oberrang wurden vorher abmontiert und später für einen guten Zweck versteigert.
Am 2. Februar 2002 ertönt der Anpfiff des ersten Bundesligaspiels während des Umbaus. Gegen Kaiserslautern.

Was war das für ein furchtbarer Anblick für die in die Nordkurve vertriebenen Südkurvler, als der Ball von Miroslav Klose ausgerechnet im Tor auf ihrer, der Südseite des Lebens landete. Das Spiel endet 0:1. Kein gutes Omen. Glasigen Auges starrten wir über den Bretterzaun hinter dem Tor hinweg in die Jahnwiesen und weiter noch: in die Weiten des Grüngürtels hinein. Wir waren auf den vorletzten Platz gerutscht und sahen das Abstiegsgespenst über dem Geißbockheim kreisen.

Die Südkurve versinkt in Schutt und Asche.

Und es sollte noch schlimmer kommen. Nach einer Serie von insgesamt zehn Spielen ohne Torerfolg fielen die Geißböcke auf den letzten Platz. »1000 Minuten, wir singen 1000 Minuten!«, sangen die rekordsüchtigen Kölner Zuschauer auf den Rängen beim Spiel gegen Hertha BSC am 3. März 2002 mit Galgenhumor. Aber dann war es doch passiert: Thomas Cichon, auch »Fußballgott« genannt, brachte nach genau 1033 Minuten ohne Torerfolg für den FC (Bundesligarekord!) tatsächlich den Ball im Tor unter. In der 75. Minute stand es plötzlich 1:1. Cichons Jubellauf nahm Formen an wie bei einem Gewinn der Deutschen Meisterschaft. Und der Mannschaftsbus konnte an diesem Freudentag nach dem Spiel endlich einmal wieder das Marathontor passieren, ohne von der humorlosen Fraktion Kölner Fans wüst beschimpft zu werden.

Baulich lief alles weiter wie am Schnürchen: Errichtung des ersten Lichtmastes in der Südwestecke am 7. Mai 2002, Sprengung der alten Westtribüne am 23. Mai 2002. Mitte Juli gibt der Vorstandsvorsitzende der GEW RheinEnergie, Helmut Haumann, den künftigen Namen des Stadions offiziell bekannt. Aber für mehr Sprengstoff als Dynamit und RheinEnergie sorgte erst einmal ein anderes Ereignis am Saisonende. Der FC stieg wieder ab.

Endlich die Einweihung der Südtribüne mit der geordneten Rückkehr ihrer Platzhirsche aus dem Exil am 16. August 2002. Das erste Heimspiel in der neuen Saison. Angepfif-

fen wird das Zweitligaspiel gegen MSV Duisburg vor insgesamt 27.000 Zuschauern. Ein Zitterspiel, es endet 4:3, zwei Tore von Christian Springer. Auf dem 40 Meter langen Spruchband der Wilden Horde steht: »Die Legende Südkurve erstrahlt in neuem Glanz«. Und mit ihr die Mannschaft. Bis zum 26. März 2003, 25 Spieltage hintereinander, wird es keine einzige Niederlage geben. Vereinsrekord!
Zwischendurch ist die Nordkurve dran. Am 6. Januar 2003 tauchen die Abrissbagger auf. Die Einweihung der neuen Westtribüne am 25. Januar im Beisein der Bläck Fööss und vielen anderen, die sehen, um gesehen zu werden, gestaltet sich zu einer hübschen Party. Über allem schwebt sanftmütig ein weißer Zeppelin mit der Aufschrift RheinEnergie. Gegeben wird das Zweitligaspiel gegen den Karlsruher SC. Endstand 3:0. So wird man wieder aufsteigen.
War es, in totaler Ermangelung der schützenden Nordkurve, der freie Blick auf die Abel-Bauten, der den FC so sehr ablenkte, dass am 10. Februar 2003 ein 3:0 Vorsprung gegen Alemannia Aachen verspielt wurde? Die 28.000 Zuschauer suchten verzweifelt nach einer Erklärung für drei Gegentore eines Spielers namens Krontiris oder so ähnlich. Die Sprengung der Osttribüne erfolgte am 22. Mai 2003. Genau zum richtigen Zeitpunkt. Man hatte, auch wenn der Aufstieg schon feststand, die vorherigen drei Spiele allesamt kläglich verloren. Da war eine kleine Explosion der richtige Kommentar.

Zurück in die Erste Liga! Der Umbau des Stadions schreitet, durchaus im Gegensatz zur Mannschaftsaufstellung, immer schneller voran. Anfang August wird die neue Rasenheizung der Burghauser Firma GreenTherm installiert und mit einer Schicht aus einem speziellen Gemisch aus Lava, Sand und Erde bedeckt. Die Firma Pfeifer aus Willich verlegt den Rasen nach einer Methode, die sie bei der Begrünung des legendären Hampden Park in Glasgow ausprobiert hatte. Hätte man für diese Form britischer Sorgfalt nicht einen Tag nach, sondern einen Tag vor dem Freundschaftsspiel des FC zum Auftakt der Saison 2003/2004 gegen FC Liverpool gesorgt – wer weiß, ob der FC nicht noch höher als 1:3 verloren hätte. Ein attraktiver Vorgeschmack auf kommende internationale Highlights war das Match am 16. Juli 2003 allemal. Mit Michael Owen präsentierte sich nach Jahren radikaler Abstinenz dieser Spezies Fußballspieler mal endlich wieder ein wirklicher Weltstar dem dankbaren Kölner Publikum. Und immerhin: Auch der aus Mainz in die Domstadt gekommene Ukrainer Andrey Woronin bescherte dem Publikum eine Premiere. Es war das erste Mal, dass dieser Hoffnungsträger für den FC im neuen Stadion dribbelte, was das Zeug hielt.

[ERSTKLASSIG!

Zur Einweihung der neuen Nordtribüne beim Saisonauftakt am 9. August 2003 war wieder einmal Kaiserslautern zugegen und wieder gab es eine – unglückliche – Niederlage (0:1). Immerhin wurde an diesem Tag ein Kölner Rekord vermeldet: Über 20.000 Dauerkarten wurden bis zum Saisonstart verkauft. Tausende kamen dazu. Von allen Toren, die der FC in der anarchischen Phase des Stadionneubaus schoss, war der Kunstschuss von Kapitän Dirk Lottner am 23. August 2003 gegen Borussia Dortmund zum 1:0 vor jetzt schon 33.000 Zuschauern sicher das schönste. Sein Freistoßtreffer gehört auf die ewige Liste mit den schönsten Kölner Toren in Müngersdorf. »Und mit der Nummer 30 – Dirk ... « Wenn Stadionsprecher Michael Trippel mit zunächst ansteigender, dann sich dramatisch senkender und bei »Dirk« dann wieder ganz gehobener Stimme die Mannschaftsaufstellung komplettiert und das ganze Stadion mit einem orkanartigen »Lottner« einfällt, wurden in den vergangenen Jahren stets die meisten Dezibel vor Anpfiff gemessen. Für »Lotte« lief es nach seinem Kunstschuss zunächst nicht mehr so gut. Und auch nicht mit dem Rest der Mannschaft. An den Fans lag es so wenig wie am Rasen oder am Stadionsprecher. Vielleicht war es tatsächlich Trainer Friedhelm Funkel, der der Mannschaft, nachdem er sie zum Wiederaufstieg geführt hatte, mit seinem Festhalten an den langsam morsch werdenden Ästen des alten Stamms ein zu hohes Risiko beschied. Wolfsburg, Bremen, Hannover – alles, was aus dem Norden kam, putzte uns vollkommen humorlos weg. Und auch Marcel Koller, der für den entlassenen Funkel kam, konnte den HSV nicht siegreich nach Hause in den Norden schicken. Der aus der Schweiz stammende Fußballlehrer geht als erster Trainer im fertigen RheinEnergieStadion in die Klubgeschichte ein.

Koller tat etwas Ungewöhnliches. Um die Krise zu bewältigen, setzte er sich nicht in ein Flugzeug, um auf irgendwelchen Tribünen in fremden Stadien in irgendeinem exotischen Land fündig zu werden, er tat etwas viel näher Liegendes und spazierte zum Platz in der Nachbarschaft, wo die FC-Junioren kicken. So holte er Lukas Podolski in den Kader: der erste Kölner Spieler, dessen Karriere in der Bundesliga zeitgleich mit der Fertigstellung des RheinEnergieStadions beginnt. Er ist so etwas wie die Symbolfigur für einen Verein im Aufbruch.

Stadion-Richtfest am 18. November 2003. Der Kranz hängt am majestätisch gelenkten Kran hinter der Osttribüne und schwebt zu seinem Bestimmungsort. Reden werden geschwungen, die aktuelle Ausgabe einer Kölner Tageszeitung wird in einen unverwüstlichen Metallzylinder gesteckt, der anschließend unter einer Steinplatte verschwindet. So schafft man ewige Werte. Die Einweihung der kompletten Osttribüne, und damit aller vier fertigen

Zuschauertribünen, geht am 31. Januar 2004 gegen Mönchengladbach vor 51.000 Zuschauern über die Bühne. Das Endergebnis ist bekannt. Bis zur offiziellen Einweihung des RheinEnergieStadions erfolgt der Ausbau von Fan-Shop, FC-Museum, FC-Kinderland, Geschäftsstelle des Vereins und der Kölner Sportstätten GmbH.
Eine reibungslose Planung und ein harmonischer Verlauf beim Bau eines Fußballstadions sind in Köln keine Selbstverständlichkeit. Das zeigt die Geschichte. Vor gut 30 Jahren demonstrierten die mit dem Projekt eines neuen Stadions betrauten Experten, wie man es nicht schafft. Das seinerzeit längst fällige und vollmundig zur Weltmeisterschaft 1974 in Köln angekündigte Stadion wurde nicht gebaut. Eine unselige Mischung aus Misswirtschaft und Größenwahn sorgte für eine peinliche sportpolitische Niederlage und eine herbe Enttäuschung der sportinteressierten Bürgerinnen und Bürger. Fußballweltmeisterschaftsspiele fanden nicht in Köln, sondern in Düsseldorf statt. 1975 kam es dann doch, mit einem Jahr Verspätung, aber putzmunter, das »Müngersdorfer Stadion«, wie es bis zum 19. Dezember 2001 in Betrieb war, heute schon Legende, morgen ein Mythos.

33,8 Grad – selbst für den Geißbock sehr steil.

[NESTWÄRME UND EKSTASE

Ausgelassen feierten am 31. Januar 2004 beim Spiel des 1. FC Köln gegen Borussia Mönchengladbach die Spieler, Funktionäre und Publikum auf dem Rasen, auf den Bänken und auf den Rängen. War es doch just Borussia Mönchengladbach, neben Bayer Leverkusen der größte sportliche Konkurrent des 1. FC Köln im Rheinland, das den Domstädtern damals, 1975, vor 61.000 (!) Zuschauern im neuen Stadion die erste Heimniederlage beibrachte: 0:4!

Ohne sie geht gar nichts!

Geißbock Hennes VII., das einzige erstligareife Maskottchen deutscher Bundesliga-Mannschaften aus Fleisch und Blut, blinzelte nach der x-ten Revanche gegen den Angstgegner vergnügt die 26,6 Grad steile Südgerade hoch (im Oberrang sind es sogar 33,8 Grad). Und wir, die Zuschauer, in guten wie in schlechten Zeiten, auf dem Stehplatz-Unterrang in der Südgeraden oder hinter Glas in der VIP-Lounge, mit oder ohne Fanschal, heiser geschrien oder nicht, im Fantrikot oder im Sakko, auf einem der 1852 rot gepolsterten Business-Seats oder ganz unten halsreckend in der Nähe der Eckfahne – wir sind alle der Meinung: Ja, es war richtig, dieses Stadion zu bauen. Allein schon die Sichtverhältnisse. Deutlich unter zehn Meter von der Seiten- und Torauslinie entfernt befindet sich der Fan in der vordersten Reihe. Er kann die Schweißperlen auf den Gesichtern der Spieler sehen, das verunsicherte Mienenspiel des Linienrichters interpretieren, die Parade des Torwarts in ihrer ganzen Eleganz bemessen und kompetent darüber mit seinem Nachbarn streiten, ob das Foul absichtlich war oder nicht. Selbst von der höchstgelegenen Reihe im Oberrang der Südtribüne aus muss man unmittelbar nach einem Tor vor der Nordtribüne nicht mehr raten, wer der Schütze war, und spekulieren, wie es gefallen ist. Die Ferngläser dürfen zu Hause bleiben. Und um hier ein leises akustisches, indes für den sinnlichen Stadiongenuss unentbehrliches Detail anzubringen, das den Vorzug des neuen RheinEnergie-

Stadions gegenüber dem Müngersdorfer Stadion dokumentiert: Man hört auf den besonders günstig gelegenen Plätzen, wie ein Spieler gegen den Ball tritt, man hört, wie sich die Mannschaftskollegen anfeuern, man hört – und sieht nicht nur – den Jubel des Torschützen und seiner Genossen.
Wesentliches haben die Erbauer des neuen Stadions aus der Vergangenheit übernommen. Dass bei Bundesligaspielen (nicht bei internationalen Matches) die Stehplätze im Unterrang Süd erhalten blieben, gereicht vor allem jenen standfesten und traditionsbewussten Fans zum Trost, die meinen, Fußball im Stadion könne man nie und nimmer im Sitzen sehen. Es war für sie schlimm genug, als Mitte der 1990er Jahre der Stehplatz-Mittelbereich auf der Westtribüne bestuhlt wurde. Im Unterrang der Südtribüne herrschen nach wie vor Nestwärme und Tumult, Ekstase oder kollektive Trauer in höchsten Maßen, kurz: alles, was die Existenz eines Fans ausmacht, der es nicht aushielte, den geliebten Heimatverein schnöde im Fernsehsessel aufblühen oder untergehen zu sehen.

[DIE NEUE FAN-KULTUR

Unter- und Oberrang der Süd- oder Nordtribüne haben im RheinEnergieStadion nicht nur den Vorteil eines geringeren Eintrittspreises und einer dichten Atmosphäre. Hierhin

Die Südtribüne – Ruhe vor dem Sturm.

WILD WEST
rheinEnergieStadion

kommen die Spieler zuerst und bedanken sich gleichsam persönlich bei den Fans für die Unterstützung. Und wenn unsere Geißböcke nach einer Niederlage mit hängenden Köpfen ihren Bußgang antreten, erhalten sie nur hier ihre Trost- oder Schmäheinheiten. Vor allem: »Von hinterm Tor« lassen sich Spielsystem und Taktik der Mannschaft besser übersehen und nachvollziehen als von den Seitenrängen im Westen und Osten. Wenn die gegnerische Mannschaft auf das Kölner Tor zustürmt, ist es, als müssten, ja könnten wir hinter dem Tor mit vereinten Kräften mit verteidigen. Das gelingt uns im RheinEnergieStadion besser als im alten Müngersdorfer Stadion. Warum? Die Tartanbahn liegt nicht mehr zwischen uns, den Akteuren auf der Tribüne und den Akteuren auf dem Rasen.

Nachteil für alle, die jetzt, statt in der Südkurve im Müngerdorfer Stadion, auf der Südgeraden zu Hause sind: Die schmucken Cheerleader kommen nicht mehr so nahe an einen heran. Auf den akrobatischen Akt ihres Pyramidenbaus, mit dem quer gelegten leichtesten Girl ganz oben, müssen die Zuschauer auf der Südtribüne notgedrungen verzichten. Im Gegensatz zur rutschfesten Tartanbahn sind derlei Showeinlagen auf dem Rasen zu gefährlich. Wer allerdings mehr oder weniger wie im Fernsehen ein Spiel verfolgen möchte und genauer beurteilen will, ob ein Spieler nun ins Abseits gelaufen ist oder nicht, wer das Spektakel auf der Südtribüne aus gesicherter akustischer Distanz vor allem visuell genießen will, der sei auf die »Luxusmeile« des RheinEnergieStadions verwiesen: die Westribüne. Hier befinden sich neben den gewöhnlichen Schalensitzen 1852 Business-Seats, 556 Sitze in 48 Logen auf zwei VIP-Ebenen, 136 Presseplätze sowie die mit aufgestellten Speisekarten geschmückten Business-Lounges für Sponsoren und andere Fans mit Sinn für Komfort. Zu den Ersten, die hier saßen, gehörten u.a. Hans Schäfer, Wolfgang Overath, BAP-Sänger Wolfgang Niedecken, der unverwüstliche Gildo Horn, Haie-Coach Hans Zach und der nordrheinwestfälische Kultur- und Sportminister Michael Vesper.

Es gibt choreografische Gründe, ein ovales Stadion dem rechteckigen vorzuziehen. So kommt etwa die »Welle« im Oval besser in Schwung. Und es gibt auch architekturkritische Einwände gegen die rechtwinklige Konstruktion. Die vier Oberränge verschmelzen nicht zu einer fließenden Einheit. Den frei gebliebenen Ecken haftet der Makel des Fragmentarischen an. Aber wenigstens sind sie aus Glas und schützen vor störenden Winden. Es gibt auch Stimmen, die behaupten, dass die Atmosphäre in der Süd- und Nordkurve im alten Stadion – nicht nur beim Anschieben einer »Welle« – heimeliger gewesen sei, weil der Blickkontakt zu den Blöcken recht und links vom eigenen gewährleistet war.

Da ist etwas dran. Wer heute auf der Südgeraden steht oder sitzt, in einer langen, schier endlosen Reihe, hat nicht mehr ein dermaßen »abgerundetes« nachbarschaftliches Verhältnis zu seinesgleichen, wie es zu Zeiten der ovalen »Schüssel« noch möglich war. Er muss sich, um seine Nachbarn zu sehen, weit vorstrecken und den Hals verbiegen. Vorteil einer geraden Sitzreihe: Der Zuschauer wird durch seine Nachbarn nicht vom eigentlich Wesentlichen abgelenkt – dem Spiel.

In den vom Fan-Beauftragten Rainer Mendel seit 1991 betreuten über 800 Fanclubs des 1. FC Köln steht die Diskussion über die jeweiligen Vor- und Nachteile des alten bzw. des neuen Stadions weiterhin auf der Tagesordnung. Aber massive Proteste gegen die rechteckige Form des RheinEnergieStadions hat es in keiner Bauphase gegeben. Nahe dran am Spielfeld! Nie mehr wie früher zig Meter weit vom Tor entfernt: Das ist es, was der leidenschaftliche Stadiongänger will. Und laut soll es sein. Ein Wechselgesang wie neuerdings zwischen Süd- und Nordtribüne (»1. FC Kö-heln – 1.FC Kö-heln«) wäre früher nicht möglich gewesen. Und seit die Spieler aus ihren nunmehr im Innern der Westtribüne liegenden Umkleidekabinen auf Höhe der Mittellinie aufs Feld laufen statt, wie früher, etwas verhuscht aus der Ecke zwischen West- und Nordtribüne, geht auch dieses Ritual choreografisch perfekt über die Bühne.

Die Besucher des RheinEnergieStadions akzeptieren ihr neues Haus und lassen das alte gleichwohl nicht in Vergessenheit geraten. Stadiongänger sind sentimentale Typen. »Weißt du noch? ...« Wer früh genug zum Spiel kommt und das Gespräch mit seinem Tribünennachbarn sucht, wird diese Frage auch in Zukunft stellen. Auf einem der Transparente in den Zeiten des Umbruchs wurde einmal Trude Herr zitiert: »Niemals geht man so ganz!« Oder die Bläck Fööss: »Bye, bye my love, mach et joot«. Zärtliche Abschiede von der guten alten »Schüssel« in Müngersdorf.

Das Müngersdorfer Stadion war ein ästhetisch rundum gelungenes Bauwerk für Fußball und Leichtathletik. Einige Kölnerinnen und Kölner trauern wegen des Wegfalls der Laufbahnen und Sprunganlagen den Leichtathletik-Sportfesten des ASV Köln jetzt endgültig nach. Andere halten den elektronischen »Schnickschnack« (Stichwort: »Karachometer«) in einem modernen High-Tech-Stadion für überflüssig. Aber das ändert nichts daran: Das Rhein-EnergieStadion, eine reine Fußballarena, setzt einer neuen Stadionkultur in Deutschland ein Glanzlicht auf. Köln bekommt wieder Länderspiele (das erste im neuen Stadion gegen Belgien am 31. März 2004), Matches des neu gegründeten Kölner Footballteams »Cologne Centurions« in der National Football League Europe, fünf Spiele bei der Fußballweltmeisterschaft 2006. Und der 1. FC Köln spielt, wenn die Saison läuft, weiterhin alle zwei Wochen zu Hause.

Rückpass in die Geschichte: das Müngersdorfer Stadion

[ERSTE FUSSBALLPLÄTZE IN KÖLN

Fußball vor Publikum wurde in Köln schon lange vor der Fertigstellung des Müngersdorfer Stadions 1923 gespielt. Und erst recht vor Gründung des 1. FC Köln im Jahre 1948. Der Kölner FC 99 (ab 1916 Kölner SC 99, heute VfL 99) spielte an der Pferderennbahn in Köln-Weidenpesch. Der damalige »Westmeister« richtete 1904 immerhin das dritte Endspiel um die Deutsche Fußballmeisterschaft aus. Union Berlin siegte gegen den Karlsruher FV 2:0. 3500 Zuschauer standen an den Geländern am Spielfeldrand. Vor dem zweiten Endspiel in Weidenpesch zwischen Holstein Kiel und dem Karlsruher FV (0:1 n.V.) im Jahre 1910 wurde eine Holztribüne gebaut. Jetzt kamen schon 5000.
Fußball in Deutschland »brummte« in diesen Jahren, auch in Köln wurde ein Platz nach dem anderen gebaut. Hinter dem Café Storchennest in Klettenberg spielte der Kölner BC. Die auf den Poller Wiesen um 1910 unmittelbar südlich der Südbrücke angelegten Sportplätze gehörten zu den schönsten. (Sie werden von Freizeitsportlern heute noch benutzt.) Preußen Dellbrück sorgte Ecke Heidestraße/Bergisch Gladbacher Straße auf ihrer Anlage »Et Höffge« für Furore. 1920 wurde in Weidenpesch ein »Ligaplatz« gebaut. Seine Tribüne für 1200 Zuschauer gilt heute als die älteste noch erhaltene in Deutschland. Ins Stadion nach Höhenberg kamen 18.000 Zuschauer, um

das Eröffnungsspiel des »VfR 04 rrh« (»rrh« steht für rechtsrheinisch) gegen West Ham United zu sehen. Endstand: 0:2.
Nach dem Krieg verlor die Fußballstadt Köln den Anschluss an neueste Entwicklungen in der Nation. Die Endspiele um die Deutsche Fußballmeisterschaft nach dem Ersten Weltkrieg fanden anderswo statt: auf dem Germania-Platz Frankfurt 1920 vor 35.000, auf dem DSC 99-Platz Düsseldorf 1921 vor 27.000 Zuschauern. Der Andrang in Düsseldorf war so groß, dass die Spieler vom 1. FC Nürnberg und Vorwärts Berlin in der Halbzeitpause nicht in ihre Umkleidekabinen gelangen konnten. Ins Berliner Grunewaldstadion kamen 1922 30.000 Zuschauer. Am Ende erschöpfte Zuschauer. Denn das Spiel zwischen dem 1. FC Nürnberg und dem Hamburger SV musste in der 189. (!) Minute beim Stande von 2:2 wegen einbrechender Dunkelheit abgebrochen werden. Es wurde damals nach der Verlängerung so lange gespielt, bis einer ein Tor schießt, was leider keiner tat. Das Wiederholungsspiel vor 50.000 Zuschauern fand in Leipzig statt. Wie in Berlin pfiff der Kölner Schiedsrichter und spätere DFB-Präsident Peco Bauwens, es endete wieder unentschieden, im Jahre 1922 gab es deshalb keinen Deutschen Meister. Kurz und gut: Die Musik spielte woanders, in Köln musste gehandelt werden, auch wenn es hier keine Mannschaft vom Format eines 1. FC Nürnberg (viermal deutscher Meister zwischen 1919 und 1924) gab.

[DER IDEAL-SPORTPARK

Am 2. September 1921 fiel ein »Beschluss der Stadtverordnetenversammlung über die Anlage eines Sportplatzes auf dem Gelände an der Aachener Straße«. Dieses »Gelände« war der Baugrund für das spätere Müngersdorfer Stadion, das von 15.000 Arbeitern errichtet wurde. Eine Arbeitsbeschaffungsmaßnahme für die Beschäftigungslosen nach dem Ersten Weltkrieg, in Zeiten galoppierender Inflation. Politische Voraussetzung für den Bau des Stadions war der Friedensvertrag von Versaille 1919. In ihm wurde festgehalten, dass der Grüngürtel nicht mehr, wie im Krieg, als Festungsanlage zu dienen habe. Er durfte als Bauland genutzt werden. Der seit 1917 amtierende Oberbürgermeister Konrad Adenauer, von Hause aus eher ein Freund von Tennis und Boccia, nutzte die Gunst der Stunde. Theo Nussbaum, Leiter in der Städtischen Gartenbaudirektion, wurde mit der Planung des Stadions betraut.

Es wurde auch Zeit. Den Bökelberg in Mönchengladbach gab es schon seit 1919, den Betzenberg in Kaiserslautern seit 1920, den Bieberer Berg in Offenbach seit 1921. In London wurde zur gleichen Zeit wie das Müngersdorfer Stadion das Wembley-Stadion gebaut. 127.000 ergatterten dort eine Eintrittskarte zum Eröffnungsspiel am 28. April 1923, fünf Monate also, bevor unser Stadion am 16. September 1923 seiner Bestimmung übergeben wurde. Konrad Adenauer hielt eine vaterländisch geprägte Weiherede vor 100.000 Kölnern in der »Hauptkampfbahn«. Ihm ging es eher um »Stählung des Körpers und des Geistes« sowie dergleichen als um Spiel und Spaß an der Freud. Der Bau eines Stadions war eine hochernste nationalpädagogische Angelegenheit von mythischem Ausmaß. Die neue Sportanlage entsprach den Ansprüchen eines gewissen Carl Diem, Generalsekretär des Deutschen Reichsausschusses für Leibesübungen, in den wesentlichen Punkten. Carl Diems Idealvorstellungen eines »Ideal-Sportparks«: »Sei freigiebig mit schmückendem Grün, weg mit Reklame und Bretterzaun! Kein Sportplatz ohne Schwimmbahn (...) Eine Kampfbahn ist kein Hochbau, es ist gestaltete Natur, ein gefasster Ring mit Blick in die Weite. Strebe Hufeisen an, vermeide Waschschüsselform.« In der Tat: Die Südkurve der Hauptkampfbahn blieb nach hinten hufeisenförmig offen, die Natur (der Grüngürtel!) konnte durchscheinen. Die Stufen waren viel flacher als in englischen Stadien, eine »Waschschüssel« wurde das Stadion erst 1975.

Kein anderes Bauwerk im Müngersdorfer Ideal-Sportpark hatte es dem Oberbürgermeister in Sachen Körperertüchtigung und Volksgesundheit so angetan wie das Schwimmbad. Schwimmen fürs Vaterland! Sport war für Konrad Adenauer ein Medium nationaler Erbauung, im Stadion war die heilige Stunde eines, wie er es selbst nannte, »Eidschwurs« gekommen: »Der Schwimmer, der

sich selbst aufgibt, geht unter! Wir wollen nicht untergehen, wir wollen unser Geschick meistern. Wir glauben an uns und unsere Kraft, an unsere Zukunft, an unser Volk.«
47,4 Millionen Mark kostete die Stadionanlage. Dazu gehörten neben der »Hauptkampfbahn« die Jahnwiesen, die West- und Ostkampfbahn, die Radrennbahn, das Schwimmstadion, Tennisplätze, diverse Ascheplätze und die heute bei den Spielen des FC respektlos auf dem Weg zu den Kassenhäuschen überquerten beiden Aufmarschwiesen links und rechts vor dem Marathontor. Zu den Spezialanlagen gehörten damals auch ein seltsam großzügig angelegter »Schwerathletikplatz« und eine Reitturnieranlage. Zusammengenommen ergab das eine Fläche von 55 Hektar: die größte Sportanlage in Europa.
Mit der Währungsreform im November 1923 fiel glücklicherweise ein Großteil der Schulden weg. Das eingesparte Geld konnte man gut gebrauchen. Die Haupttribüne mit den einzigen 3000 Sitzplätzen im Oval der Hauptkampfbahn (»ein einziger Bretterhaufen«) musste schon 1925 erneuert werden. Sie glich einem hölzernen Dachstuhl, man hatte von den oberen Rängen keinen freien Blick auf Laufbahn und Spielfeld. Außerdem mussten die solide hergestellten Ziegelsteinbauten von Stadtbaudirektor Adolf Abel (1882–1968) im Eingangsbereich zur Hauptkampfbahn bezahlt werden. Sie wurden später unter Denkmalschutz gestellt, deshalb stehen sie noch heute.

[DIE HAUPTKAMPFBAHN

Kaum war die olympiareife Einweihung nebst Knabenchor, aufflatternden Tauben, fechtenden Volksgenossen, drahtigen Radrennern und stolzen Vertretern anderer Disziplinen, vor allem aus Leichtathletik und Turnen, vorbei, gab es eine Bewerbung nach der anderen. Köln wurde dank seines Müngersdorfer Stadions führend in der Durchführung von Großveranstaltungen: »Deutsche Kampfspiele« (1926), »1. Westdeutsches Arbeiter-, Turn- und Sportfest« (1926), die Radweltmeisterschaften 1927 und vor allem das »14. Deutsche Turnerfest« im Juli 1928 mit 200.000 Teilnehmern. Feierlicher Höhepunkt war ein Festzug am Schlusstag, der jedem Teilnehmer an einem Rosenmontagszug allein schon im Gedanken daran Muskelkater verursacht: vom Hauptbahnhof die Aachener Straße hinauf bis zum Stadion! An das Turnerfest erinnert noch heute jene 15 Meter hohe Säule, das Jahndenkmal, hinter den mit Gras bewachsenen Stufen an der dem Grüngürtel zugewandten Seite der Jahnwiesen. Sehr beliebt bei den Kölner Bürgern waren auch die »Stadionkurse« in den 1920er Jahren. Für 1,50 Reichsmark die Stunde konnte jeder, der wollte, im Müngersdorfer Stadion das Sportabzeichen erlangen.
Köln war stolz auf sein Stadion und die Stadtoberen waren selbstbewusst genug, sich um die Ausrichtung der Olympiade 1936 zu bewerben. Zumal das zwecks Bewer-

Die stilvolle Eröffnung am 16. September 1923.

bung für die Olympischen Spiele 1916 gebaute »Deutsche Stadion« in Berlin-Grunewald verglichen mit dem Ideal-Sportpark in Müngersdorf eine einzige Katastrophe war. Die Arena dort war 294 Meter lang und 95 Meter breit, die Sichtweite von der Kurve bis zum Mittelkreis betrug 170 Meter. Warum? Man hatte im »Deutschen Stadion« sämtliche Anlagen, auch das Schwimmbecken, innerhalb des Ovals untergebracht! Aber weil die Berlin versprochene Olympiade 1916 wegen des Ersten Weltkriegs ausfiel, bekam die Hauptstadt dann doch den Zuschlag und – baute ein neues Stadion. Das alte wurde abgerissen und das »Olympiastadion« entstand.

Das Müngersdorfer Stadion war von Beginn an ein Mekka der Leichtathleten. Deutsche Meisterschaften fanden hier wiederholt statt. Der 1929 gegründete »Akademische Sportverein der Universität Köln« (ASV Köln) wurde mit seinen Sportfesten eine international renommierte Institution. 1934 wird dieses Fest zum ersten Mal stattfinden, Weltrekorde werden aufgestellt, Olympiasieger geben sich hier ein Stelldichein. Ohne Leichtathletik, die sich in den 1920er Jahren als Gegenbewegung zum damaligen deutschen Massensport Turnen etabliert hatte, wäre es womöglich gar nicht zum Bau eines Stadions gekommen.

Und Fußball?

Es gab in der Zeit vor dem Zweiten Krieg keine Kölner Fußballmannschaft, die gut genug gewesen wäre, regelmäßig in der Müngersdorfer »Hauptkampfbahn« zu kikken. Wenn sich Sportler an den Wochenenden im weiten Rund der Hauptkampfbahn trafen, waren es die Leichtathleten. Auch wenn der Kölner BC (Westdeutscher Meister 1912), später an der Luxemburger Straße, Höhe Militärringstraße zu Hause, mit dem künftigen Nationalspieler Karl Flink in der Saison 1921 die »Rheingauliga« dominierte – das Müngersdorfer Stadion war für die Ballartisten aus Klettenberg eine Nummer zu groß. Als erstes Fußballspiel im Müngersdorfer Stadion wird die vom »Rasensportverband Köln« organisierte Partie einer Kölner Auswahl gegen Nürnberg verzeichnet. Über das Ergebnis gibt es keine verlässlichen Angaben. Wohl aber über die Zuschauermenge: 10.200. Sülz 07 immerhin schaffte 1926 den Sprung von einem Platz an der Berrenrather Straße in die Radrennbahn im Stadionkomplex Müngersdorf. Hier konnte der Klub sogar abends trainieren. Das Stadion besaß eine Glasglüh-Lichtanlage mit 60.000 Kerzen.

1928 wird Sülz 07 westdeutscher Meister. Am 8. Juni 1928 triumphiert die Mannschaft vor 25.000 Zuschauern im Achtelfinalspiel zur deutschen Meisterschaft gegen Eintracht Frankfurt: 3:1. (In der nächsten Runde schied man gegen Bayern München aus.) Beim Viertelfinalspiel am 1. Juni 1930 um die Deutsche Meisterschaft gegen Hertha BSC schafften die Männer um Torhüter Schmitz und Stürmerstar Sowitsch vor 30.000 Zuschauern ein 1:1 nach

1929: Das Stadion platzt aus allen Nähten.

Verlängerung. (Beim Rückspiel in Berlin geriet man mit 1:8 unter die Räder.) Aber die wirklich großen Fußballereignisse im Müngersdorfer Stadion waren Endspiele um die Deutsche Meisterschaft und Länderspiele. Der DFB legte sie gerne nach Köln, weil hier wegen der großen Zuschauerkapazität des Stadions hohe Einnahmen zu erwarten waren.

Beim 3:2 von Hertha BSC gegen 1860 München 1931 kamen 60.000, ebenso viele zum Finale Fortuna Düsseldorf gegen Schalke 04 (Endstand 3:0) 1933. Zwei Jahre später gewann Schalke mit Szepan und Kuzorra in Köln 6:4 gegen den VfB Stuttgart. So viele Fußballenthusiasten wie bei diesem Endspiel (74.000) wurden bis zur Olym-

piade 1936 in Berlin noch nie in einem deutschen Stadion gezählt. Der Bau einer Nottribüne machte diesen Zuschauerrekord möglich.

[DAS STADION UND DER KRIEG

Das erste Länderspiel in der Hauptkampfbahn des Müngersdorfer Stadions ging 1927, vier Jahre nach Eröffnung, über die Bühne. Otto Nerz war zu diesem Zeitpunkt Reichstrainer. Gegen Holland gab es am 20. November 1927 vor 51.000 Zuschauern ein 2:2. Gegen Schweden am 23. Juni 1929 kamen schon 52.000 Zuschauer. Sie saßen und standen auf den Rängen, hingen auf Zäunen und Bäumen, Masten und sogar auf dem Tribünendach und kamen nicht heraus aus dem Staunen und Anfeuern: 3:0! »Baut Stadien für 100.000!«, forderte der Kölner Stadt-Anzeiger angesichts der Fußballbegeisterung in Köln. Gegen Spanien kamen am 12. Mai 1935 schon 74.000, gegen die Schweiz am 6. Februar 1938 satte 78.000. Und beim legendären Spiel gegen Ungarn am 6. April 1941 – also mitten im Krieg – waren nochmals über 70.000 Zuschauer in der Hauptkampfbahn. Trainer war zu diesem Zeitpunkt schon Sepp Herberger. Seine Stars hießen: Helmut Schön und Fritz Walter. Das Spiel endete 7:0 für Deutschland! Das Länderspiel gegen Ungarn war nur möglich, weil Ungarn zu diesem Zeitpunkt mit Deutschland politische Verbindungen hielt. Es fand wenige Tage vor dem Überfall deutscher Truppen auf die Sowjetunion statt. Dieser Sieg war der Auftakt zu einer unglaublichen Serie im Müngersdorfer Stadion. Von allen weiteren 14 Länderspielen der deutschen Fußballnationalmannschaft, die in Köln bis 1998 stattfanden, ging kein einziges verloren. Aber im Gegensatz zum sportlichen Erfolg stand das Spiel gegen Ungarn unter bösen politischen Zeichen. Es diente nicht nur der Ablenkung der Bevölkerung von den mörderischen Ereignissen im Zeichen des Hakenkreuzes, es war, wie jede andere nationale Großveranstaltung in dieser Zeit, Teil einer nationalsozialistischen Propaganda. Das Stadion diente der Demonstration von »völkischer

Überlegenheit«. Der Kölner Sportkommissar, SA-Sturmführer Heinrich Lohmann, huldigte dem Zeitgeist, indem er die Müngersdorfer Sportanlage um einen Kleinkaliberschießplatz und einen Wehrsportplatz ergänzte.
Jüdischen Fußballfreunden wurde bald der Eintritt ins Stadion verwährt, seit September 1941 mussten Juden einen »Judenstern« tragen. So waren sie am Kassenhäuschen leicht zu erkennen. Jüdische Sportvereine, die bis 1938 ihre eigenen Sportfeste im Müngersdorfer Stadion abhalten durften, wurden nach der Reichskristallnacht verboten. Am Schwimmstadion prangte ein Schild: »Juden sind nicht erwünscht.« Die Hauptkampfbahn war für die Leichtathleten in der Hitlerjugend reserviert.
Je länger der Krieg dauerte, desto lauter die Durchhalteparolen, aber auch desto verwegener das Verlangen der zu Hause gebliebenen oder heimgekehrten Männer, ein Stück Normalität zu behalten oder wiederzubekommen. Und zu dieser »Normalität« gehörte das Fußballspiel. Es ist erstaunlich, wie viele Fußballwettkämpfe während des Krieges in Köln, sogar unmittelbar vor und nach den verheerenden Bombardierungen im Mai 1942 und im Juni/Juli 1943, angepfiffen wurden. Einzige Vorsichtsmaßnahme: Auswärtsspiele durften nicht in einer Entfernung von über 50 Kilometern bestritten werden. »Sportbereich Köln-Aachen« hieß nun die für Köln zuständige Liga. Sie wurde in der Saison 1941/42 sogar von neun auf zehn Mannschaften aufgestockt. Darunter fünf Mann-

schaften aus Köln. Neben Sülz 07 war auch Viktoria Köln dabei. Sie lief in diesen Jahren zu großer Form auf. Im Achtelfinale zur vierten »Deutschen Kriegsmeisterschaft« 1942/43 verloren sie allerdings in der Radrennbahn des Müngersdorfer Stadions vor 12.000 Zuschauern gegen Saarbrücken 0:5.
Ein Jahr später, in der Saison 1943/44, wurde nach einer vollständig durchgespielten Saison wieder Sülz 07 Meister des Gaus »Köln-Aachen«. Sülz ging, weil nicht mehr genug Spieler zur Verfügung standen, mit der Kriegsportgruppe »VfL 99« eine Fußballnotgemeinschaft ein. Nach der Meisterschaft mit 28:4 Punkten und einem Torverhältnis von 68:21 rückte die Kriegsfront immer näher. Ende August 1944, wenige Wochen bevor 80 Prozent der Kölner Innenstadt und sämtliche Rheinbrücken von englischen Bomben zerstört sein werden, kommt der Spielbetrieb zum Erliegen. Das Müngersdorfer Stadion erleidet 93 Bombentreffer. Carl Diem, einer der geistigen Repräsentanten dieser Sportstätte und Organisator der Olympiade in Berlin 1936, hält vor dem »Volkssturm« noch eine flammende Rede. Am 18. März 1945, kurz vor Kriegsende, ruft er Pimpfe zum »finalen Opfergang für Führer und Vaterland« auf. Darunter sicher auch fußballbegeisterte Jungen.

DER WIEDERAUFBAU

Bei den Reparaturen am Müngersdorfer Stadion nach Kriegsende ergibt sich eine Art Arbeitsteilung. Die alliierten Truppen übernehmen die Aufsicht über das Stadion von der amerikanischen Besatzungsmacht und beginnen, aus eigenem Interesse, sogleich mit den Bauarbeiten. Die Stadt Köln bezahlt. 150.000 Reichsmark. Die Soldaten der britischen Armee nehmen sich das Recht, kostenlos Kricket, Basketball und Rugby auf den großen Wiesen vor der Hauptkampfbahn zu spielen, beanspruchen zwei Tennisplätze und eines von insgesamt drei Schwimmbecken. Den Belgiern stehen die Westkampfbahn und ein Tennisplatz zur Verfügung. Die Hauptkampfbahn und die anderen Plätze darf die Stadt Köln für ihre Zwecke benutzen.

Training mit Hennes Weisweiler auf den Stadion-Vorwiesen.

Schon am 1. August 1946 übernimmt sie mit Genehmigung der Alliierten ganz offiziell die Belange des Müngersdorfer Stadions. Schnell entsteht eine neue Institution auf dem Stadiongelände: die Deutsche Sporthochschule. Professor Carl Diem wird sie leiten. Am 29. November 1947 nimmt sie ihren Lehrbetrieb auf. Wichtigste Personalentscheidung aus fußballerischer Sicht: Sepp Herberger wird als Lehrer in Müngersdorf eingestellt. Sein Musterschüler: Hennes Weisweiler. Noch heute gibt es am Stadion einen Carl-Diem-Weg.

Während in Müngersdorf nach Kräften am Aufbau des Stadions gearbeitet wird, rauchen die Köpfe der Funktionäre von Sülz 07 und dem Kölner BC. Man beabsichtigt eine Fusion der beiden traditionsreichen linksrheinischen Vereine. Die Federführung auf Sülzer Seite haben Karl Büttgen, Heinz Bremm und Fritz Plate, auf Klettenberger Seite Franz Bolg und – Franz Kremer, der erste Präsident des 1. FC. Es kommt zu Abstimmungen im Hörsaal IV der Kölner Universität und in der Klettenberger Stadtküche Bertram. Mit überwältigender Mehrheit wird für ein Zusammengehen votiert. In der Gaststätte des früheren KBC-Torwarts Roggendorf an der Luxemburger Straße kommt es am 12. Februar 1948 zur Gründung des »1. Fußball-Club Köln 01/07 e.V«. Mit diesem Verein wird ein neues langes Kapitel der Kölner Stadiongeschichte geschrieben.

[1. FC KÖLN – OBERLIGA WEST

... und 76.000 werden kommen.

Franz Kremer erreicht den sofortigen Einstieg der Mannschaft in die Rückrunde der Landesliga Mittelrhein, Gruppe 1, auch Rheinbezirksliga genannt. Darüber existiert nur noch die 1947 gegründete Oberliga West.
48 Stunden nach Gründung des Vereins spielt der 1. FC Köln vor 2432 zahlenden Zuschauern in der Müngersdorfer Radrennbahn gegen Nippes 12. Die Premiere endet 8:2 für den FC. Hennes Weisweiler ist linker Läufer. Es folgt ein Sieg nach dem anderen, am Ende der Saison steht man an der Tabellenspitze. Torverhältnis: 114:31. Nach dem Sieg gegen Rhenania Würselen, einem anderen Gruppensieger der Landesliga, würde der FC in die Oberliga aufsteigen. Nach einem 0:0 auswärts geht das Heimspiel 0:1 aus, weil Hennes Weisweiler mit Schädelbruch verletzt ausscheidet. So zumindest will es der Mythos.
In der folgenden Spielzeit verstärkt ein junger Mann von Rot-Weiß Zollstock den FC: Hans Schäfer. Hennes Weisweiler ersetzt Karl Flink, den ehemaligen Nationalstürmer

vom Kölner BC, als Spielertrainer. Wieder wird man Tabellenerster. In einem Ausscheidungsspiel gegen Bayer Leverkusen geht es erneut um den Einzug in die Oberliga. Nach einem 2:0 im eigenen Stadion vor 22.000 Zuschauern im Wonnemonat Mai des Jahres 1949 gibt es auch in Leverkusen einen Sieg (3:1). Aufstieg!
Ein Jahr nach seinem 25. Geburtstag, ein Jahr nach der Ausrichtung des Endspiels um die Deutsche Fußballmeisterschaft zwischen Nürnberg und Kaiserslautern (2:1), ein Jahr nach der epochalen Kundgebung zum 700-jährigen

So sehen Sieger aus! Aufstieg 1949 in die Oberliga.

Dom-Jubiläum vor 100.000 Besuchern wird das Stadion um eine äußerst attraktive Veranstaltungsreihe reicher: die Spiele des 1. FC Köln. Die Mannschaft von Franz Kremer steigert sich Jahr um Jahr vom 5. auf den 4., vom 5. auf den 2. und endlich, in der Saison 53/54, auf den 1. Platz der Oberliga West. Geißbock Hennes, vom Zirkus Williams 1950 als Geschenk im Verlauf einer Karnevalsveranstaltung zur Mannschaft gestoßen, zierte inzwischen nicht nur den Rasen des Stadions, sondern auch das Trikot des FC als Vereinswappen.
Während die Mannschaft um Nationalspieler Hans Schäfer und Paul Mebus, Georg Stollenwerk und Jupp Röhrig parallel zum langsamen Verfall des Vorkriegsstadions ihre Spitzenposition einbüßt, geht das Licht für die Leichtathletik an: Am 2. Oktober 1957 erstrahlte erstmals in der Hauptkampfbahn eine Flutlichtanlage. Anlass: das 10. Internationale Sportfest des ASV Köln. Im Sommer darauf werden an gleicher Stelle Germar, Lauer, Steinbach und Fütterer einen Weltrekord in der 4-mal-100-Meter-Staffel aufstellen. In diesem und im folgenden Jahr wird der FC mit jungen Neuzugängen wie Karl-Heinz Schnellinger und Leo Wilden Zweiter der Oberliga West. 1959/60 ist es endlich wieder so weit: Der FC wird mit Oldie Helmut Rahn, Goalgetter Christian Müller und dem 18-jährigen Supertalent Karl-Heinz Thielen Meister der Oberliga West und scheitert erst im Endspiel um die Deutsche Meisterschaft knapp mit 2:3 (Siegtreffer Uwe Seeler)

gegen den Hamburger SV. Eine starke Saison des FC, mit einem Schnitt von 26.000 Zuschauern. Es war die Zeit, da man im Stadion noch lyrische Klassiker wie »FC vor – schieß ein Tor!« skandierte. Ein literarisch ebenso formstrenges »FC weg – hat kein' Zweck« war in diesen Jahren nicht zu hören. Man war anderen Mannschaften einfach zu überlegen.

Ganz andere Töne wurden inzwischen im Rat der Stadt Köln laut. Der im Januar 2004 verstorbene sportfanatische Oberstadtdirektor Max Adenauer, Sohn von Konrad, hielt 1960 eine kämpferische Haushaltsrede: »Es ist nunmehr der Zeitpunkt gekommen, die Hauptkampfbahn des Stadions in einer den Notwendigkeiten entsprechenden Weise umzubauen.« Worte in Kremers Ohr, der damals wegen seiner unerschrockenen »Einkaufspolitik« als fortschrittlichster Präsident im deutschen Fußball galt – und der 1. FC Köln als modernster Klub. Max Adenauer blieb dem FC und dem Müngersdorfer Stadion ein Leben lang treu. Zeitzeugen erinnern sich daran, wie er den FC beim legendären Europapokalspiel in Liverpool 1965 in die Anfield Road begleitete.

Es war nur eine Frage der Zeit, dass der 1. FC Köln Deutscher Meister wurde. Mit dem neuen Trainer Tschik Cajkovski, der als Spieler 1955 von Partizan Belgrad zum FC kam, schoss der FC in einer Saison 89 Tore (Oberligarekord!). Es kam zu einer einzigartigen Ehrenrunde: Der Lufthansa-Pilot jener Maschine, die Torwart Fritz Ewert,

Fritz Pott, Hansi Sturm, Kapitän Schäfer und all die anderen Helden von Berlin zurück nach Köln-Wahn flog, drehte bei klarem Wetter am 12.5.1962 eine komplette Extrakurve über dem Müngersdorfer Stadion: Der FC war am Vortag vor 92.000 Zuschauern mit einem 4:0 gegen den 1. FC Nürnberg zum ersten Mal Deutscher Meister geworden! Zur Belohnung folgte das erste Europapokalspiel der Landesmeister im Müngersdorfer Stadion am 21.9.1962. Es endete 4:0 gegen den schottischen Meister FC Dundee. Leider hatten unsere kölschen Geißböcke gegen die schottischen Hochlandschafe auf deren Wiese nicht die Spur einer Chance. Das Hinspiel ging mit 1:8 verloren.

[BUNDESLIGA (1963–1974)

Der 1. FC Köln wurde immer besser, aber das Stadion zeigte langsam Ermüdungserscheinungen, trotz des Aufbaus einer zusätzlichen Stahlrohrtribüne für knapp 5000 Zuschauer für die gerade aus der Taufe gehobene »Fußball-Bundesliga« im Jahre 1963/64. Franz Kremer wollte unbedingt ein neues Stadion, eine reine Fußballarena. Bickendorf, Mülheim, die Jahnwiesen, das Stadion-Nordfeld: alles Orte, die in diesen Jahren ernsthaft andiskutiert wurden. Die von Franz Kremer entscheidend mit vorbe-

Deutscher Meister 1964. Von links nach rechts: Schäfer, Ewert, Sturm, Wilden, Benthaus, Müller, Thielen, Pott, Overath, Hornig, Regh, Hemmersbach, Schumacher, Weber.

reitete neue nationale Liga war dafür ein mindestens so starkes Argument wie die erste gewonnene Deutsche Meisterschaft.
Die historische Saison 1963/64 beschert dem FC zum Einstand in die Bundesliga einen Zuschauerschnitt von 33.000 (mehr wurden es erst in der Saison 77/78) und den Zuschauern selbst sagenhafte Spiele. Man denke nur an das erste Bundesligaspiel im Stadion am 31. August 1963 gegen Karlsruhe (4:0), an fünf Tore von Karl-Heinz Thielen gegen Kaiserslautern, 14 hintereinander nicht verlorene Spiele vor Ende der Saison und natürlich: den Triumphzug durch die Stadt nach dem letzten Heimspiel. Über 100.000 Kölner säumen die Straßen und feiern ihren Meister.
Neue Stars werden geboren: Wolfgang Overath und Heinz Hornig. Hans Schäfer? Der Kapitän ist immer noch in Köln. Fußballfans im Stadion hatten es damals gut: Ihre Idole wechselten nicht »mir nichts, dir nichts« von einem Verein zum anderen, es gab damals noch so etwas wie Vereinstreue, die die Fans als Treue ihnen gegenüber interpretierten. Geld war damals längst nicht alles, obwohl Franz Kremer ein absoluter Profi war.
»Fan« – ein neues Wort im Stadiondeutsch der sechziger Jahre, aus England importiert, wo es »Fans« von allem Möglichen gab: beim Fußball bezogen auf Lieblingsspieler, im Kino auf Schauspieler, bei Beat-Konzerten auf bestimmte Bands. Im Jahrzehnt der Beatles entsteht auch

die Fan-Kultur in deutschen Fußballstadien, eine selbstbestimmte Fan-Kultur, noch ohne die Bequemlichkeit eines Lagerverkaufs von Fan-Artikeln jedweder Art. Einen »Fan-Shop« wie heute gab es noch nicht. In den sechziger Jahren sah man im Müngersdorfer Stadion noch selbst genähte Fahnen, selbst gestrickte rotweiße Pudelmützen und Schals, liebevoll von Mami gestrickte Pullover mit einem geißbockähnlichen Wesen drauf. Man brachte Tröten, Fahrradhupen und Klingeln mit, um die Stimmung so richtig anzuheizen. Der nur zwei Buchstaben umfassende Anfeuerungsgesang »Eff-zeh, Eff-zeh« wurde übrigens in jenen Jahren, verglichen mit einer heute eher zakkig anmutenden Variation, viel langsamer vorgetragen, kunstvoll in die Länge gezogen, ein Singsang.
Es gab in den Sechzigern auch Stimmen, die Kult wurden. Wenn alle zwei Wochen Stadionsprecher Hans-Gerhard König (1929–2003) nach einem betont beiläufigen Herunterspulen der Spielernamen der Gastmannschaft kurz und trocken, Silbe für Silbe und dann mit ansteigendem Schlussakkord »Die Mannschaft des 1. FC Köln!!!« bekannt gab, geriet der Stadionbesucher mindestens so in Erregung wie nach dem Announcement bei einem Pop-Konzert: Hier bin ich zu Hause, hier spielt meine Mannschaft, hier im Müngersdorfer Stadion, jetzt geht's los, wir sind nicht mehr aufzuhalten. Eine musikalische Animation à la Höhner & Co. brauchte man damals genauso wenig, um in Stimmung zu kommen, wie Jürgen

Zeltingers Kracher »Müngerdorfer Stadion«. 35 Jahre lang, bis zum letzten Heimspiel in der Saison 98/99, war Hans-Gerhard König die »Stimme des FC«.
Braucht Köln ein neues Stadion? Seit den Sechzigern ist die Frage ein Dauerbrenner. Nicht nur aufgrund der nationalen und internationalen Erfolge des FC (das heroische Ausscheiden gegen den FC Liverpool im Frühjahr 1965 nach Münzwurf!). Und auch nicht nur wegen des Zuschauerandrangs im Stadion – es wurden tendenziell immer weniger, die nach Müngersdorf kamen. Das Fernsehen war ein wesentlicher Grund für den vorübergehenden Rückgang der Zuschauerzahlen. Aber auch der Zeitgeist. In jenen Jahren des Pop und politischen Protests gingen Schüler und Studenten am Wochenende lieber zur Demo, auf die Fete, zum Rockfestival oder in die Szenekneipe als ins Stadion. Alles, was als »kommerziell« galt, wurde abgelehnt. Also auch der Fußball.
Das Anschwellen der Frage »Neues Stadion oder nicht« stand hauptsächlich im Zusammenhang mit dem Ansinnen der Stadt Köln, sich für die Teilnahme an der Weltmeisterschaft 1974 in Deutschland zu bewerben. Dieses Ansinnen hatte auch damals schon über den sportlichen Wert hinaus eine lokalpolitische und ökonomische Dimension. Franz Kremer erlebte die Realisierung seiner Stadionträume nicht mehr. Er erlag während der Radioübertragung des Spiels Eintracht Frankfurt gegen seinen FC am 11. November 1967 einem Herzinfarkt.

[VOM BÜGELEISEN ZUR BETONSCHÜSSEL

Die Bemühungen um ein neues Stadion gingen unverdrossen weiter. Ein schon in früheren Jahren vorgelegter Entwurf des Architekten Hans Schulten wurde aus der Schublade geholt. Er sah eine rundum mit Tribünen überdachte Arena für 80.000 Zuschauer vor, die 23,5 Millionen DM kosten sollte. Man sprach von einem »Bügeleisen-Stadion«, weil sich über dem Stadiondach ein gewaltiger Stahlträger spannte, der an beiden Enden in zwei, wie gespreizte Beine anmutende Stützpfeiler auslief. Aus 23,5 Millionen wurden nach genauer Berechnung 50 Millionen, später sogar über 90 Millionen DM. Im Herbst 1971 war das neue Stadion nach langem politischen Hin und Her vom Tisch. Auch die preisgünstigere Variante des Schulten-Entwurfs wurde dem Rat der Stadt vorgelegt – immer noch zu teuer. Aus der Traum mit der WM in Köln.

Dunkle Zeiten in Müngersdorf. Zu den Heimspielen des FC in den frühen siebziger Jahren kamen oft nicht mehr als 7000 Zuschauer. Kein Wunder. Denn im Verlauf des Bundesliga-Bestechungsskandals in der Saison 1970/71 sorgte neben einigen anderen Profis in anderen Vereinen auch ein Kölner Spieler für negative Schlagzeilen: Torwart Manfred Manglitz. Er erklärte sich bereit, bei Zahlung von 100.000 DM in bar für ein vom Gegner gewünschtes Resultat zu sorgen. Das Verhandlungsgespräch wurde heimlich auf Tonband mitgeschnitten. Ein blamables Spiel wie das mit 2:4 vor 7000 zornigen Zuschauern verlorene gegen den Abstiegskandidaten Rot-Weiß Oberhausen am 22. Mai 1971 kam nachweislich unter tätiger Mithilfe des Torwarts zustande. Die Häufung solcher Fälle in anderen Stadien stürzte den Ruf des deutschen Fußballs in den Abgrund, die Stadien blieben vorerst leer.

Ovale Gelassenheit oben – Stehvermögen unten.

Vollends blamieren wollte sich Köln dann doch nicht. Ersatzweise zum fehlgeschlagenen Schulten-Projekt wurde ein Plan der Unternehmensgruppe Dyckerhoff & Widmann für 42 Millionen DM realisiert: das neue »Müngersdorfer Stadion«, am gleichen Ort wie das alte, liebevoll »Betonschüssel« genannt, mit dem ersten vollkommen überdachten Tribünendach in Deutschland, mit Raum für Fußball, Leichtathletik und 61.000 Zuschauern im weiten Oval. Um die zahlreichen Bäume rund um das Stadion nicht abholzen zu müssen, wurde von innen nach außen gebaut – und ziemlich schnell. Der Neubau dauerte weniger als zwei Jahre. Im Oktober 1973 begann der Abbruch der alten Haupttribüne, am 7. Dezember 1973 – der FC spielte schon seit 1971 in der Radrennbahn – setzte Oberbürgermeister Burauen den ersten Spatenstich. Am 12. November 1975 fand die Eröffnung des seinerzeit modernsten Stadions in Deutschland mit Platz für 61.114 Zuschauern statt. Die Paarung des Freundschafts-Eröffnungsspiels lautete ahnungsvoll: 1.FC Köln gegen Fortuna Köln. Acht Jahre später werden sich an gleicher Stätte beide Mannschaften zum DFB-Pokalfinale einfinden, der FC wird 1:0 siegen. In der Bundesliga ging es am 15. November mit einem 3:3 gegen Eintracht Frankfurt los. Das neue Müngersdorfer Stadion war wunderbar anzusehen. Vor allem aus der Luft. Ein stilvolles Oval mit imposanten, schräg nach innen stehenden Flutlichtmasten, die auf dem Stadiondach fußten, und drum herum diese

herrlichen Bäume. Nach Eintritt ins Stadion verfiel man sofort in Begeisterung ob der Großartigkeit des Gebäudes (zwei versetzt übereinander liegende Ränge!), das allerdings in ein Gefühl von gähnender Langeweile umspringen konnte, wenn sich bei weniger reizvollen Paarungen, wie gegen FC Homburg oder Tennis Borussia Berlin, deutlich unter 10.000 Zuschauer im weiten Rund verloren, was leider oft genug vorkam. Nichts Schlimmeres in der alten »Schüssel«, wenn ganze Blöcke unbesetzt blieben. Der einzige Vorteil in einem gähnend leeren Stadion bestand darin, dass man von den billigeren Plätzen heimlich zu den teureren, vermeintlich besseren Plätzen wandern konnte. Torwart Toni Schuhmacher sprach beim Anblick leerer Ränge in Müngersdorf von einem Gefühl »wie im Kühlschrank«. Und die Bläck Fööss sangen: »Em Stadion do trofen sich jot sibbedausend Mann/ich han ene jode Platz erwisch/doch de Zick, die wood m'r lang/Ich wor minge Fahn am schwenke/die Junge störte dat nit/2:1 verlore, FC-Fans krische nit.«
Für eine Stimmung wie im Hexenkessel bedurfte es im Müngersdorfer Stadion schon extraheißer Spiele (siehe Tore, Titel, Sensationen – eine Chronik für Fans, ab S. 72). So paradox es klingen mag: Als in der ersten Hälfte ersatzweise in der Radrennbahn gespielt wurde, gab es zwar keinen Komfort und keineswegs exorbitante Zuschauerzahlen, aber die Stimmung im Stadion war »fan-tastisch«. Auch die Spieler liebten es, wenn ihre

Anhänger nur wenige Meter vom Spielfeldrand entfernt standen. Der Platzwart hatte bei Spitzenspielen hinter den Toren eine Kordel gespannt. So konnten die Fans noch näher heranrücken und standen auf dem Rasen wenige Meter hinter der Torauslinie. In der Radrennbahn war es, wo der FC endlich wiederholt gegen Mönchengladbach gewinnen konnte, den FC Bayern im Pokal mit 5:1 wegfegte, Olympique Marseille im UEFA-Pokal mit 6:0 und Partizan Belgrad mit 5:1 düpierte. In der Radrennbahn war es, wo neben »Rastelli« Wolfgang Overath Flügelflitzer Heinz Flohe seine große Zeit hatte, Dieter Müller Torschützenkönig wurde, Herbert Neumanns Stern aufging und Hennes Löhr nach 381 Bundesligaspielen für den FC mit insgesamt 166 Toren seine Abschiedsvorstellung gab. Die Radrennbahn als Fußballarena sorgte für geradezu englische Stadionverhältnisse. Und genau die sind es, die wir an unserem neuen RheinEnergieStadion so lieben.

[GLANZ UND GLORIA, TRÄNEN UND TRAUER

»Heiße Spiele« gab es in der Hauptkampfbahn. 1977/78 war die Saison der satten Siege: 7:2 gegen Bremen, 6:0 gegen Braunschweig, 6:2 gegen 1860 München, 4:1 gegen Kaiserslautern, 4:1 gegen St. Pauli, 6:1 gegen den HSV, 5:2 gegen MSV Duisburg, um nur die Heimspiele zu nennen.

Allein im Spiel gegen Bremen im Sommer 1977 erzielte Torschützenkönig Dieter Müller sechs Tore! Das ist bis heute Bundesligarekord. Im Jahr 1978 wurde der FC sowohl deutscher Meister als auch deutscher Pokalsieger (gegen Fortuna Düsseldorf): das »Double«. Und die Zuschauer waren auch wieder da: 34.000 im Schnitt.
Die große Zeit des Pierre Littbarski beginnt. Zum ersten Mal in einem Bundesligaspiel im Müngersdorfer Stadion ist er am 16. September 1978 (gegen den HSV) zu sehen. Es ist auch die Zeit der Bernd Cullmann, Harald Konopka, Tony Woodcock. Der Unterrang auf der Ostgeraden bestand zu dieser Zeit noch aus Stehplätzen. Das wussten besonders jene Fans zu schätzen, die mal hinterm Tor in der Südkurve gestanden hatten und nun schon mit einem Auge zu einem Sitzplatz auf dem Oberrang schielten. Eine Zwischenstation. Auch den älter werdenden Körper eines FC-Fans verlangt es eines Tages nach einem Sitzplatz ...
Als die Stehplätze auf der Ostgeraden 1996 mit Schalensitzen bestückt wurden, hielten sich die Proteste der Fans in Grenzen. Sie waren voll und ganz damit beschäftigt, mit ihrer Unterstützung den FC, also auch sich selbst, vor dem Abstieg zu bewahren. FIFA und UEFA wiesen diese bauliche Maßnahme an, damit in Müngersdorf im Falle des Falles wieder internationale Meisterschaftsspiele angepfiffen werden konnten. Dass es nie dazu kam – und das ist eines der traurigsten Kapitel in der bewegten Ära

des Müngersdorfer Stadions – steht auf einem anderen Blatt. Einem sportlichen. Allein Toni Polster, der Liebling im FC-Dress (79 Tore in 150 Spielen) von 1993 bis 1998, konnte es nicht richten. Zweimal stieg der FC in die Zweite Liga ab. »Judas« lautete der Schmähruf der Fans an die Adresse Polsters, weil der nach dem Abstieg ausgerechnet zum »Erzfeind« Borussia Mönchengladbach ging. Zwei Abstiege am Ende der Ära Müngersdorfer Stadion – aus diesem Grund war es nur allzu verständlich, dass beim letzten Spiel nach »26 Jahren Leidenschaft«, wie auf einem Spruchband zu lesen war, im noch komplett stehenden alten Stadion am 19. Dezember 2001 weniger Untergangs- als Aufbruchsstimmung herrschte.

Als die Kölsch-Rock-Gruppe Brings ihre »Superjeile Zick« live im Stadion längst gesungen hatte, als das herrlich selbstironische Bekenntnis der Fans (»Wie sind nur ein Karnevalsverein«) verklungen und das Spiel gegen VfB Stuttgart zu Ende war (0:0); nachdem die ganz eingefleischten Fans des alten Stadions in Eigenarbeit Sitze und Bänke in der Südkurve mit Energie aus ihren Verankerungen zu lösen versuchten, als wir dann alle zu Hause waren, gingen uns die ganz persönlichen Erinnerungen an die schönsten und traurigsten Ereignisse der letzten Jahre im Müngersdorfer Stadion noch einmal durch den Kopf: der päpstliche Auftritt Johannes Paul II. mit einer Messe vor 70.000, die diabolisch aufgerissenen Augen Christoph Daums, ehe er ekstatisch von seiner Bank auf-

sprang, die göttlichen Auftritte von Toni »Doppelpack« Polster mit der zum himmlischen Schöpfer hinaufgestreckten Faust; der Auftritt des abgrundtief beleidigten Trainers Bernd Schuster, als er in der Halbzeit seine Mannschaft in die Kabine schickte und selbst draußen im Regen stehen blieb, das blaue Hemd von Trainer Ewald Lienen und wie er, ehe er die Südkurve begrüßte, immer flott, das Jackett unterm Arm, über die Werbebande sprang (Applaus!), die große Aufstiegsparty am 21. Mai 2000 nach dem Spiel gegen St. Pauli auf den Jahnwiesen, wo »Fussich Julchen« auf der Bühne mit der ganzen Mannschaft zu einem herzerfrischenden Bekenntnis anhob: »Mir sin kölsche Junge«. Aufstiegsparty? Möge uns das RheinEnergieStadion einmal eine Meisterparty bescheren. Solange wir noch leben.
Und manchmal ist es nur ein ganz bestimmter Spielzug, ein merkwürdiges Tor, eine Szene am Spielfeldrand, oder es sind die Jungens aus Düren, die in der vergangenen Dauerkartenperiode noch neben einem saßen, die man nicht vergisst. Wie Dirk Lottner am 9. September 2001 in der allerletzten Minute vor dem Strafraum den Ball küsste, ihn mustergültig zum Freistoß zurechtlegte (Ventil nach oben!), ihn unhaltbar ins Tor des HSV einschoss und wie er dann zum schnellsten Sprint seines Lebens ansetzte: hin zur Südkurve, um sich dort standesgemäß feiern zu lassen. Oder wie der Vertragsamateur Marcel Fensch in seinem ersten Bundesligaspiel für den FC am

15. Oktober 1997 kurz vor Halbzeit eingewechselt wurde, aber nicht anfangen konnte, weil er sein Trikot in der Kabine vergessen hatte, was prompt zu einem Spiel in Unterzahl führte und folglich mit einem Gegentor des FC Schalke 04 bestraft wurde, das Köln auf die Verliererstraße setzte und nicht nur das: Es waren just diese drei wegen Fenschs Vergesslichkeit verlorenen Punkte, die dem FC am Ende fehlten, um in der Ersten Liga zu bleiben. Und welcher Vater erinnert sich nicht daran, wie er zum ersten Mal mit seinem Sohn ins Müngersdorfer Stadion ging, auf der Terrasse des Landhaus Kuckuck noch ein Kölsch trank, als FC-Fan Alf mit der dicken Trommel vorbeikam und den stolzen Knirps im FC-Fan-Trikot (bis hinunter zu den Knien!) so viele Male draufhauen ließ, wie er sich Tore des FC wünschte. Ein Stadion ist nicht nur der Ort, wo Zukunftsträume entstehen und die Gegenwart einen ganz verrückt machen kann. Ein Stadion ist auch die Stätte sentimentaler Erinnerungen.

Tore, Titel, Sensationen – eine Chronik für Fans

_ **16.9.1923** Struppiges Grünzeug schmückt den fünf Meter hohen Podest. Obenauf Oberbürgermeister Konrad Adenauer. Vor 100.000 Zuschauern eröffnet er das Stadion. Beim Einmarsch von Turnern, Leichtathleten, Fußballern, Reitern, Handballern, Radrennfahrern, Boxern und anderen Vertretern der unterschiedlichsten Sportarten machen besonders die »Stilläufer« eine gute Figur. Mit locker herunterhängenden und leicht angewinkelten Armen nehmen sie eine brustoffen optimistische Haltung ein.

_ **3.2.1924** Das erste Fußballspiel im Stadion bestreiten zwei zusammengewürfelte Stadtmannschaften aus Köln und Nürnberg. Wer das Endergebnis kennt, melde sich bitte beim Verlag.

_ **4.–11.7.1926** Bei der Eröffnungsfeier zu den Deutschen Kampfspielen mit 5839 Sportlern hinterlässt besonders Tagesordnungspunkt 8 (»rhythmisch-gymnastische Übungen einer Damenriege«) einen bleibenden Eindruck. Willy Schiefenbusch singt vor 60.000 seinen Hit »Herrlicher Rhein«.

_ **6.–9.8.1926** Klassenkampf beim »1. Westdeutschen Arbeiter-Sportfest«. Eine Fußballauswahl mit Genossen aus Russland putzt ein westdeutsches Elferkollektiv 12:2! Trotzdem (oder gerade deshalb?) werden rote Fahnen geschwenkt.

_ **15.–21.7.1927** Dem Kölner Radrennfahrer Matthias Engel wachsen auf Europas schnellster Piste Flügel. Er gewinnt das 1000-Meter-Rennen bei den Radweltmeisterschaften.

_ **20.11.1927** 1. Fußballländerspiel im Stadion. Deutschland und Holland spielen 2:2 vor 52.000 Zuschauern. Der legendäre Nürnberger Torhüter Heiner Stuhlfauth gerät auch nach dem Spiel unter Beschuss, weil er – Amateure dürfen das nicht – für Kaffee Hag professionell Werbung macht.

_ **22.–29.7.1928** Über 200.000 Teilnehmer beim 14. Deutschen Turnerfest. Die 15 Meter hohe Jahn-Säule wird eingeweiht. Auf der Spitze die vier symbolischen »F«: Frisch, Fromm, Fröhlich, Frei. Im Verlauf einer Massenaufführung auf den Jahnwiesen gelingt 20.000 Turner gleichzeitig der Liegestütz.

_ **23.6.1929** Zuschauer überall: auf den Rängen, auf dem Tribünendach, in den Bäumen, auf den Fahnenmasten, auf der Aschenbahn. 52.000 insgesamt. Deutschland schlägt Schweden 3:0. Der Kölner Stadt-Anzeiger fordert: »Baut Stadien für 100.000!«

_ **14.6.1931** Das Endspiel um die Deutsche Fußballmeisterschaft gerät zum Skandal. Hertha BSC schlägt München 1860 nur mit freundlicher Unterstützung von Schiedsrichter Fissenwerth aus Mönchengladbach 3:2. Obwohl der Linienrichter zweimal deutlich mit seiner Fahne winkt, gibt er die Abseitstore für Hertha.

_ **11.6.1933** Hakenkreuzfahnen im Stadion, vor dem Anstoß der »deutsche Gruß« aller Spieler. Fortuna

Düsseldorf siegt 3:0 gegen Schalke 04 im Endspiel um die Deutsche Meisterschaft. Der Siegerkranz wird nicht, wie üblich, vom DFB-Präsidenten überreicht, sondern von einem SA-Mann.

_ **12./13.8.1933** Deutsche Leichtathletikmeisterschaften: Laufen fürs Vaterland, Springen für den »Führer«.

_ **17.7.1934** Zum ersten Mal sorgt das Internationale Leichtathletiksportfest des ASV Köln für Begeisterung. 49-mal (bis 1997) wird es stattfinden.

_ **12.5.1935** 73.000 Zuschauer beim Spiel der deutschen Fußballnationalmannschaft gegen Spanien (1:2). Die letzte deutsche Niederlage bei einem Länderspiel in Köln im zweiten Jahrtausend.

_ **23.6.1935** Erst brütende Hitze, dann die Torflut. Schalke 04 bezwingt den VfB Stuttgart 6:4 im Endspiel zur Deutschen Meisterschaft vor der Rekordkulisse von 74.000. So viele Tore in einem Spiel wird es nie wieder bei einem Finale um den Titel geben.

_ **10.8.1936** Der Goldmedaillengewinner von Berlin, Jesse Owens, nimmt beim Sportfest des ASV Köln teil. Er wird zum Erstaunen von 35.000 Kölnern aber nur Zweiter im 100-m-Lauf.

_ **6.2.1938** Ehe Sepp Herberger kommt und aufgrund des »Anschlusses« Österreichs ans Deutsche Reich österreichische Spieler der deutschen Mannschaft einverleiben muss, betreut Otto Nerz noch einmal die Mannschaft. Deutschland trennt sich 1:1 von der Schweiz.

_ **6.4.1941** Im dritten Kriegsjahr schlägt Deutschland Ungarn sensationell 7:0. Fritz Walter aus Kaiserslautern und Helmut Schön, der spätere Bundestrainer aus Dresden, spielen mit.

_ **12.10.1945** Es knattert im Stadion. Vorne das Motorrad, im Schlepptau das Fahrrad. Die erste Veranstaltung im Stadion nach dem Krieg: ein so genanntes Steherrennen. Radrennen sind der Stadionhit in der Nachkriegszeit.

_ **8.8.1948** Fröhliche Schlachtenbummler kommen im frisch renovierten Kölner Hauptbahnhof an und ziehen weiter nach Müngersdorf. Punkt 16.00 Uhr wird das erste Endspiel um die Deutsche Fußballmeisterschaft nach dem Krieg angepfiffen. 75.000 sind dabei. Nürnberg schlägt Kaiserslautern 2:1.

_ **15.8.1948** Absoluter Zuschauerrekord. Mehr als 100.000 nehmen an der Kundgebung zum 700-jährigen Dom-Jubiläum teil. Kölns Kardinal Josef Frings mittendrin.

_ **8.5.1949** Der am 12. Februar 1947 gegründete »1. Fußball-Club Köln 01/07 e.V.« tritt als Erster der »Rheinbezirksliga 2« gegen den Ersten der »Rheinbezirksliga 1« an. Es geht um den Aufstieg in die Oberliga West. Der FC mit Spielertrainer Hennes Weisweiler gewinnt 2:0, auswärts 3:1. Aufstieg! Der Gegner war übrigens Bayer Leverkusen.

- **5.9.1949** Faustdicke Überraschung. Der Kölner Boxer Peter Müller siegt vor 25.000 Zuschauern gegen den früheren Europameister Jupp Besselmann. Der Geschlagene ist so tief von seinem Bezwinger beeindruckt, dass er in Zukunft dessen Trainer wird.
- **9.10.1949** Der 1. FC Köln gewinnt zum ersten Mal ein Heimspiel in der Oberliga West. Beim 6:2 gegen Duisburg 08 schießt »de Knoll«, auch Hans Schäfer genannt, vier Tore.
- **8.10.1950** Vor 27.167 Zuschauern siegt der FC mit dem Holländer Frans de Munck im Tor 1:0 gegen den haushohen Favoriten Preußen Dellbrück. Der spätere Nationaltorwart Fritz Herkenrath musste nach einem fulminanten Schuss von FC-Ass Alexius hinter sich greifen.
- **15.–17.6.1951** Auf der prachtvollen Anlage des »KTHC Stadion Rot-Weiß« findet zum ersten Mal (gegen Belgien) ein Davis-Cup-Tennisturnier statt.
- **4.5.1952** »Einigkeit und Recht und Freiheit …« – Zum ersten Mal wird im Kölner Stadion die neue erste Strophe der Nationalhymne gespielt. 74.000 keineswegs textsichere Zuschauer sehen immerhin ein 3:0 gegen Irland. Und fordern den Einsatz von Jupp Röhrig, den ersten Nationalspieler vom 1. FC Köln (seit 1950).
- **22.3.1953** Beim Länderspiel gegen Österreich vor 76.000 Besuchern sitzen Bundespräsident Theodor Heuss und Konrad Adenauer (inzwischen Bundes-

kanzler) auf der Tribüne. Die Spieler beider Mannschaften sind so eingeschüchtert, dass sie keine Tore schießen.

_ **10.5.1953** Die prächtige Figur von Geißbock Hennes, seit Karneval 1950 leibhaftiges Maskottchen, ziert zum ersten Mal das Trikot des FC. Doch die »Geißböcke« haben gegen die »roten Teufel« aus Kaiserslautern keine Chance. Im ersten Heimspiel bei der ersten Teilnahme an den Endrundengruppenspielen zur Deutschen Meisterschaft gibt es ein 1:2.

_ **11.4.1954** Erster in der Oberliga West! Hans Schäfer ist mit 26 Treffern Torschützenkönig. Ein Stammplatz in der Nationalmannschaft ist ihm sicher. Jupp Röhrig ist verletzt und fährt nicht mit zur WM nach Bern. Für ihn kommt Geißbock Paul Mebus in den Kader.

_ **2.9.1956** Zur Schlusskundgebung des 77. Deutschen Katholikentags versammeln sich 800.000 Gläubige auf dem Nordfeld des Stadions. Eine gigantische Dornenkrone schwebt, von drei Kränen gehoben, über der gottesfürchtigen Versammlung.

_ **2.10.1956** Zum ersten Mal Flutlicht in der Hauptkampfbahn. Beim Leichtathletik-Sportfest des ASV Köln.

_ **23.12.1956** Herbergers höchster Sieg seit der WM 1954: 4:1 gegen Belgien vor 62.115 Besuchern.

_ **31.7.1957** Kölns schnellste Männer, Manfred Germar (200 m) und Martin Lauer (110 m Hürden), laufen beim Sportfest des ASV Europarekorde.

_ **29.8.1958** Es geht noch schneller. Lauer, Germar, Steinbach und Fütterer stellen in der 4-mal-100-Meter-Staffel mit 39,5 Sekunden den Weltrekord der US-Boys ein.

_ **21.10.1959** Wo sonst als in Köln kann der Fußballnationalmannschaft ein 7:0 gegen Holland gelingen?

_ **25.6.1960** »Daheim und doch dabei!« So wirbt die Firma Graetz für ihren Fernseher Marke Fähnrich (688,– DM). Tausende Kölner schlagen zu. Denn ihr FC steht zum ersten Mal im Endspiel um die Deutsche Meisterschaft. In der 86. Minute bleibt den Fernsehzuschauern die Luft weg. Uwe Seeler schießt in Frankfurt das spielentscheidende 3:2 für den HSV.

_ **16.9.1960** Seine Goldmedaille im 100-Meter-Lauf und andere Souvenirs von der Olympiade in Tokio noch im Gepäck, siegt Armin Harry im restlos ausverkauften Stadion in 10,3 Sekunden.

_ **5.5.1962** Im letzten Endrundengruppenspiel schicken elf Geißböcke elf geschlagene Hunde aus Pirmasens nach Hause. 10:0! Das bedeutet Endspiel.

_ **12.5.1962** Hunderte »Käfer« mit Kennzeichen »K« rollen nach Berlin. Das Finale im Olympiastadion vor 92.000 Zuschauern gegen den 1. FC Nürnberg gewinnt der FC 4:0. Die erste Deutsche Meisterschaft!

_ **21.9.1962** Trotz eines 1:8 beim schottischen Meister FC Dundee im Hinspiel kommen 40.000, um den FC in seinem ersten Europapokalspiel der Landesmeister zu erleben. Das 4:0 reicht nicht ganz zum Weiterkommen.

- **22.6.1963** Im letzten Endrundengruppenspiel zur Deutschen Meisterschaft siegt der FC schon wieder gegen den »Club«(6:2) und steht im Endspiel. Aber Borussia Dortmund wird am 29.6. der letzte durch ein Endspiel ermittelte Meister.
- **31.8.1963** Erstes Heimspiel in der neuen Bundesliga. Nach Toren von Wolfgang Overath, Hansi Sturm (2) und Heinz Hornig siegen die Domstädter gegen den Karlsruher SC 4:0.
- **7.12.1963** Karl Heinz Thielen schießt fünf Tore gegen Kaiserslautern.
- **18.4.1964** Nach dem 5:2 gegen Dortmund ist dem FC der Meistertitel nicht mehr zu nehmen.
- **10.2.1965** Halbfinale im Europapokalspiel der Landesmeister. Gegen den FC Liverpool gibt es ein folgenschweres 0:0. Auch das Rückspiel endet dank einer Weltklasseleistung von Toni Schumacher im Tor 0:0, beim dritten Spiel in Rotterdam entscheidet nach unentschiedener Verlängerung ein Münzwurf über das Weiterkommen. – Die absurdeste Niederlage in der Geschichte des FC.
- **6.3.1965** Komödienstadel in Müngersdorf. Nach einer 3:1-Führung gegen Eintracht Frankfurt mit elf gegen zehn schießt Heinz Hornig ein rasantes Eigentor, am Ende heißt es 3:4!

_ **22.6.1965** Drahtigen Radfahrern schwebt ein dezenter Heiligenschein über den kurz geschnittenen Haaren. Vor dem Start zur ersten Etappe bei der Tour de France gen Lüttich werden sie von Kardinal Frings im Dom gesegnet.

_ **2.9.1966** »Echte Fründe!« Im ausverkauften Stadion schlägt der Kölner Jupp Elze den Kölner Peter Müller in der zweiten Runde um den Titel des Deutschen Meisters im Mittelgewicht k.o.

_ **7.9.1966** Beim Leichtathletik-Sportfest des ASV Köln läuft Harald Norpoth Europarekord im 5000-Meter-Lauf.

_ **26.11.1966** Die Heimniederlage gegen Mönchengladbach (1:2) steht am Anfang einer Jahrzehnte dauernden Schmach. Die Aufzählung künftiger Niederlagen gegen Gladbach mit drei Toren Unterschied verschweigen wir pietätvoll.

_ **9.9.1967** Rekord! 7:0 gegen Schalke 04! Drei Tore von Hannes Löhr. Heinz Hornig super!

_ **18.11.1967** Schweigeminute. Vor fünf Tagen ist Franz Kremer gestorben, der Gründer und große Präsident des 1. FC Köln.

_ **3.5.1968** Wichtigster Mann unter 53.000 Zuschauern beim Spiel gegen Dortmund (3:0): Bundestrainer Helmut Schön. Heinz Flohe drängt sich für die Nationalmannschaft auf, Wolfgang Overath wird zurück in den Kader kehren.

- **2.4.1969** Die peinlichste Torwartleistung in der Geschichte des Stadions. Im Europapokalspiel gegen den FC Barcelona (2:2) lässt Paul Heyeres zwei Dinger durch, die jeder Kreisklassetorwart mit der Mütze gefangen hätte. Das Rückspiel geht 1:4 in die Hosen. Ohne Heyeres.
- **7.6.1969** Danke, Wolfgang Overath! Ohne dich wäre der FC abgestiegen. Im letzten Spiel der Saison rettet sich der FC mit einem 3:1 gegen Nürnberg.
- **8.11.1969** Unter den Augen des FC-Fans Willy Brandt (Position: Bundeskanzler) siegen die Geißböcke gegen Schalke 8:0. Der höchste Sieg des FC bei einem Bundesligaspiel.
- **29.11.1969** Nur mal nebenbei. Man kann gegen Gladbach auch nur 0:1 verlieren. Aber in der 90. Minute? Das ist gemein!
- **28.2.1970** Versonnene Blicke im altersschwachen Oval. Nicht wegen des 5:2 gegen Rot-Weiß Essen. Das Stadion soll abgerissen werden und endlich ein neues gebaut. Zwecks Bewerbung für die WM 1974 in Deutschland.
- **28.8.1971** Erstes Spiel des FC im Ausweichquartier »Radrennbahn«. 2:1 gegen Dortmund.
- **22.5.1971** Vor knapp 7000 Unentwegten muss Manfred Manglitz viermal hinter sich greifen. Muss? Er hat die Bälle gegen Oberhausen mit Absicht reingelassen. Für 100.000 Mark »Sonderprämie« oder besser: Bestechungsgeld.

_ **12.4.1972** Die Radrennbahn tobt. Nach 0:3 auswärts putzen die Domstädter den FC Bayern München 5:1 im Pokal. In der nächsten Runde (10. Juni) wird der Ball sage und schreibe 21-mal beim entscheidenden Elfmeterschießen auf den Punkt gelegt, ehe Schalke jubelt und ins Endspiel kommt.

_ **19.5.1973** Eddy Merckx »fliegt« heran. Der Belgier gewinnt die erste Etappe des Giro d'Italia.

_ **2.6.1973** Der FC düpiert Mönchengladbach mit 3:0 in der Bundesliga. (Drei Wochen später das Jahrhundert-(end)spiel in Düsseldorf. Weltklasseparaden, Pfostenschüsse, Verlängerung, 91. Minute, Netzer wechselt sich selbst ein und schießt. Ein Glückstor. Gladbach Pokalsieger.)

_ **7.11.1973** 6:0 gegen Olympique Marseille im UEFA-Cup. Bester Mann auf dem Platz: Bernd Cullmann.

_ **23.9.1974** Ein 0:0 gegen Kickers Offenbach wäre schlimm genug. Ein 0:1 kurz vor dem Abpfiff ist eine Katastrophe. Bedenkt man, dass der FC zuvor 17 hundertprozentige Chancen hatte, Dieter Müller dreimal gegen den Pfosten drosch, Löhr und Konopka einen Elfer verschossen, ist die Niederlage schon fast wieder lustig.

_ **15.11.1975** Erstes Bundesligaspiel im neuen »Müngersdorfer Stadion«. 3:3 gegen Eintracht Frankfurt. Das Spiel verläuft so unspektakulär wie die ganze Saison.

_ **14.8.1976** Geißbock Hennes freut sich. Nicht nur über das 3:1 zum Saisonauftakt gegen Kaiserslautern. Sein Namenspatron Hennes Weisweiler ist nach Jahren des Fremdgehens wieder Trainer des FC. Aber Wolfgang Overath versteht sich überhaupt nicht mit ihm. Eine Dauerfehde beginnt.

_ **8.12.1976** Grandiose Aufholjagd! Nach einer 0:3 Auswärtsniederlage gegen die Queens Park Rangers im Spiel um den UEFA-Cup erhöht der FC durch Dieter Müller in der 60. Minute auf 4:1. Dabei bleibt es, leider. Schon damals gilt: Bei gleichem Torverhältnis zählen auswärts geschossene Tore doppelt.

_ **17.5.1977** Nach 535 Spielen für den FC gibt es ein Abschiedsspiel für Wolfgang Overath gegen ein Team mit den Weltmeistern von 1974.

_ **17.8.1977** Beim 7:2 gegen Werder Bremen schießt Dieter Müller 6 (sechs!) Tore. Das schafft noch nicht mal ein Ailton. Bundesligarekord bis heute!

_ **22.4.1978** Das letzte Heimspiel (2:1 gegen VfB Stuttgart), ehe der FC Deutscher Meister wird und das »Double« vollendet. Am 16. April wurden die Geißböcke Pokalsieger gegen Fortuna Düsseldorf.

_ **25.4.1979** Nach tapferem Unentschieden auswärts ein klägliches 0:1 gegen Nottingham im Europapokal der Landesmeister.

_ **8.9.1979** Kein Tor heute vom neuen FC-Publikumsliebling Pierre Littbarski. Dafür aber acht seiner Spielkameraden. 8:0 gegen Eintracht Braunschweig! Vereinsrekord.

_ **17.10.1979** Wieso stellt Bundestrainer Jupp Derwall »Litti« nicht auf? – Beim entscheidenden Qualifikationsspiel zur EM 1980 gegen Wales (5:1) glänzen wenigstens Bernd Cullmann, Bernd Schuster und Herbert Zimmermann. Auch die sind vom FC.

_ **5.11.1980** Verkehrte Welt. Im UEFA-Cup verliert der FC aus Köln gegen den FC aus Barcelona 0:1. Das Auswärtsspiel gewinnen die Geißböcke dann 4:0.

_ **22.4.1981** Wieder ein 0:1 im UEFA-Cup. Aber dieses Mal ist es kein Bluff. Es geht gegen eine englische Mannschaft. Ipswich Town. Und englische Teams siegen fast immer gegen den FC. Wieso eigentlich?

_ **19.10.1981** 4:0 gegen Bayern München! Am Ende der Saison feiern die Geißböcke ihre Vizemeisterschaft.

_ **4./5.7.1982** Die Dribbelschrittchen Mick Jaggers von den Rolling Stones sind zwar tänzerisch ganz okay, aber einen Ball möchte man ihm nicht vor die Füße legen. Hübsche musikalische Einlage, um die quälend lange Bundesliga-Sommerpause zu ertragen.

_ **3.11.1982** Gut, dass die Schotten keine Engländer sind. 5:0 gegen Glasgow Rangers im UEFA-Cup.

_ **11.6.1983** Endspiel um den DFB-Pokal. 61.000 Zuschauer. Alle halten für Köln. Die Frage ist nur für wen, den FC oder die Fortuna? – Am Ende schießt

Littbarski das Siegtor und der FC kriegt den Pokal. Gewonnen haben aber beide Mannschaften. Großer Tag in der Kölner Fußballgeschichte.

_ **16.6.1984** Joan Baez singt mit glockenreiner Stimme vom Frieden, Bob Dylan näselt »Like a Rolling Stone« und Santanas Gitarre nörgelt effektvoll.

_ **15.9.1984** Tote Hose nach einer absolut mittelmäßigen Saison. Vor 6000 zahlenden Zuschauern verliert der FC sogar gegen Bayer Uerdingen (mit Friedhelm Funkel).

_ **26.4.1986** Zwei Tore von Littbarski gegen Bochum retten den FC vor dem Abstieg.

_ **7.5.1986** Zweites Finalspiel um den UEFA-Cup. Gegen Real Madrid. Leere Ränge in Müngersdorf. Platzsperre. Wegen angeblich von FC-Schlachtenbummlern angezettelten Schlägereien beim Hinspiel im Bernabeu-Stadion (1:5) wird die Partie nach Berlin strafversetzt. Immerhin gibt es hier ein 2:0.

_ **21.2.1987** Gegen Bochum kommen ganze 6000 Zuschauer. (Große Zuschauerflaute, ein ganzes Jahr lang.) Es ist nach 542 Spielen für den FC (Vereinsrekord) Toni Schumachers letztes Spiel für diesen Verein. Wegen seiner haltlosen Dopingvorwürfe im Buch »Anpfiff« wird er gefeuert. Für ihn kommt Bodo Illgner.

_ **1.5.1987** Der Papst höchstpersönlich feiert eine Messe im Stadion.

_ **10.10.1987** Na, wer sagt es denn. Erst wurden die Bayern (3:1) besiegt und heute sogar Mönchengladbach (4:1). Am Ende der Saison ist der FC Dritter.

_ **27.5.1989** Das vorentscheidende Spiel um die Meisterschaft zwischen den »Erzfeinden« Christoph Daum und Jupp Heynckes, Köln und München. 58.000 sehen ein 3:1 für die Bayern. Am Ende der
Saison ist der FC »nur« Zweiter.

_ **18.6.1989** Pink Floyd.

_ **20.8.1989** Der Marokkaner Said Aouito läuft Weltrekord über 3000 Meter Hindernis.

_ **15.11.1989** Die deutsche Fußballnationalmannschaft gewinnt das WM-Qualifikationsspiel gegen Wales mit 2:1 Toren.

_ **21.4.1990** Das 0:5 gegen Karlsruhe ist die höchste Heimniederlage des FC seit Beginn der Bundesliga.

_ **5.5.1990** Tränen in der Südkurve. Thomas Häßler spielt zum letzten Mal.(2:0 gegen den HSV). Der Trost: die Vizemeisterschaft. Alle feiern Trainer Christoph Daum. Nur die Vereinsführung nicht. Er wird in der Sommerpause aus ungeklärten Gründen entlassen.

_ **30./31.5.1990** Schon wieder spielen Mick Jagger und Keith Richards den Doppelpass. Allerdings ohne Ball. Sie sind nur »Rolling Stones«.

_ **6.8.1990** Eröffnung der neuen Radrennbahn. (Die alte wurde 1982 abgebrochen.)

- **13.10.1990** Weltklasseleistung von Bodo Illgner. 4:0 gegen den deutschen Meister Bayern München.
- **2.4.1991** Maurice Banach, genannt »Mucki«, der neue Publikumsliebling des FC, schießt im Pokal in der 110. Minute das entscheidende 1:0 gegen VfB Stuttgart.
- **8.6.1991** »Mach et Otze!«, ruft Trainer Rutemöller vom Spielfeldrand. Und Otze – das ist Frank Ordenewitz – macht es auch. Das heißt: Er handelt sich in der 86. Minute gegen Duisburg absichtlich einen Platzverweis ein, um nach der obligatorischen Sperre im anschließenden Pokal-Endspiel gegen Bremen wieder dabei zu sein, das dann nach Elfmeterschießen verloren geht.
- **15.6.1991** Deutsche Meisterschaft! Rote Fahnen in Müngersdorf! Die Fans stürmen den Rasen! Allein, es sind die Gäste aus Kaiserslautern, die nach ihrem 6:2 unseren Rasen zertreten.
- **23.11.1991** Trauer im Stadion. Schweigeminute. »Mucki« Banach (24) verunglückte tödlich bei einem Verkehrsunfall.
- **1.6.1993** Rettung! Nach einem 2:1 gegen Schalke kann der FC nicht mehr absteigen.
- **11.7.1992** Michael Jackson kiekst ins Mikrofon und zappelt, als wollte er Garrincha werden.
- **25.10.1993** Von heute an nennt man ihn nur noch Toni »Doppelpack«. Zwei spielentscheidende Tore von Publikumsliebling Toni Polster gegen Dortmund.

- **17.11.1993** In Köln kann sogar Brasilien nicht gegen eine deutsche Fußball-Nationalmannschaft gewinnen. 2:1!
- **8.10.1994** Niederlage gegen Dresden, Blockade vor dem Marathontor. Die Spieler und Betreuer des FC sitzen im Bus und rollen, nach Anweisung der Polizei, auf die Tartanbahn. Nach Stunden kann der Bus raus. Zu spät für Physiotherapeut Jürgen Schäfer. Die Freunde zu Hause müssen seinen 40. Geburtstag ohne ihn feiern.
- **16.3.1996** Nach dem Tod seines Vorgängers meckert zum ersten Mal Geißbock Hennes der Siebte am Spielfeldrand. Und siehe da! Der FC kann noch gewinnen (2:0 gegen 1860).
- **24.5.1997** Was ist schöner? Das Ergebnis an sich (4:0) oder drei Tore von Toni Polster, die den Leverkusenern die Meisterschaft vermasseln?
- **4.8.1997** Geschmacksverirrung in Müngersdorf! Die zur Saisoneröffnung präsentierte neue Oberbekleidung ist so hässlich wie niemals zuvor ein Trikot der Geißböcke. Die Ärmel hoch, bis zur Schulter geht das vereinskonforme Rot in einen superhässlichen Braunton über.
- **24.8.1997** Tim Lobinger springt im Stabhochsprung deutschen Rekord: sechs Meter.
- **13.2.1998** Jubiläumsspiel zum 50. Geburtstag des FC. »De Höhner« stellen live zum ersten Mal ihre Hymne

vor, der FC spielt im nostalgischen rot-weiß quer geteilten, äußerst schicken Dior-Trikot. Nur das Ergebnis passt nicht.1:2 gegen den HSV. Randale am Marathontor.

_ **9.5.1998** Trude Herrs traurigstes Lied erklingt: »Niemals geht man so ganz!« – Der FC steigt ab. Und zwar ganz. Zum ersten Mal in der Geschichte des Vereins. Wäre nicht ausgerechnet Bayer Leverkusen der Abschiedsgegner gewesen – trauernde FC-Fans hätten noch hemmungsloser geheult.

_ **26.5.1998** Noch eine Hiobsbotschaft. Wegen nicht mehr fließender Fernsehgelder wird das ASV-Sportfest eingestellt.

_ **14.9.1998** Eins dieser scheußlichen Montagsspiele in der Zweiten Liga. Matthias Scherz schießt das 4:0. Nein, nicht für den FC. Noch spielt er für den FC St. Pauli. Der stößt Köln auf einen Abstiegsplatz. Die Dritte Liga winkt.

_ **1.12.1998** Der Retter ist da. Dirk Lottner macht sein erstes Spiel für den FC. 4:1 gegen Karlsruhe.

_ **20.4.1999** Nach einem 2:4 im Hinspiel geht auch das zweite Derby gegen Fortuna Köln verloren. 0:3. Schadenfreude in der Kölner Südstadt.

_ **16.6.1999** Die Saison ist zu Ende. Der FC landet auf dem 10. Platz. Historische Worte von Stadionsprecher Hans-Gerd König: »Ich muss mir das nicht mehr antun. Mein Nachfolger wird Michael Trippel.«

_ **8.11.1999** Für Bernd Schuster sitzt längst Ewald Linen auf der Trainerbank. Die Euphorie um den FC ist zurückgekehrt. 6:1 gegen Nürnberg. Der Aufstieg naht.

_ **20.8.2000** Alexander Voigt küsst seinen linken Schuh. Im ersten Spiel der Saison (Erste Liga!) schoss er das erste Tor für den FC beim 4:1 gegen Eintracht Frankfurt.

_ **12.5.2001** Letztes Heimspiel der Saison. Niederlage gegen Bremen. Am Ende ein 10. Platz.

_ **3.3.2002** Wenigstens ein Spiel aus der Saison des Schreckens muss man erwähnen: Nach 17 gespielten Bundesliga-Stunden und exakt drei Minuten ohne Tor (deutscher Rekord) stiefelt Thomas Cichon den Ball ins Netz. Am Abstieg ändert das freilich nichts.

_ **8.10.2002** Mit blitzartiger Geschwindigkeit fährt der Fahrstuhl in den obersten Stock. 7:0 gegen Union Berlin. Der FC ist nicht mehr aufzuhalten. »Wir sind nur ein Karnevalsverein!«, singen die Fans ihr selbstironisches und zugleich selbstbewusstes Bekenntnis.

_ **19.5.2003** »Nie mehr Zweite Liga, nie mehr, nie mehr!« Das Sehnsuchtslied beim letzten Heimspiel der Saison klingt nach verlorenem Spiel gegen Trier etwas verhalten. Ist der 1. FC Köln wirklich reif für die Erste Liga? – Jetzt heißt es erst mal Aufstieg.

_ **20.9.2003** Der FC spielt gegen Wolfsburg mit Trauerflor. Hans-Gerhard König, 35 Jahre lang als Stadionsprecher »die Stimme des FC«, ist tot.

_ **7.12.2003** Beim Spiel gegen Leverkusen die vielleicht schönste Fan-Choreografie in der Geschichte des Stadions. Dank tausender verteilter Pappschilder erstrahlt der komplette Oberrang in Rotweiß. Aus dem Farbenmeer taucht der gigantische Schriftzug: »Kölle« auf. Auf dem Unterrang wird eine 920 Quadratmeter große Blockfahne mit der Kölner Skyline entrollt. Die kürzeste Kunstausstellung aller Zeiten.

_ **17.12.2003** Die schönsten Mädchen von Köln – die Cheerleader des FC – dürfen heute sogar nach Spielende auf den Rasen. »Rotweiße Weihnachten« steht auf ihrem Transparent. Und nach dem 3:0 über Hertha BSC verschwindet die »rote Laterne« aus dem Stadion.

_ **31.1.2004** Erstmals ein Spiel vor allen vier fertig gestellten Tribünen. »Come on FC« – eine derartig brustoffene Selbstanfeuerung gab es noch nie auf den Trikots einer Bundesligamannschaft zu lesen. Es hat geklappt. Erstmals nach sechs Jahren siegt der FC gegen Mönchengladbach. Das 1:0 vor 51.000 Zuschauern schießt die neue Lichtfigur des FC: Lukas Podolski.

Daten und Fakten: das RheinEnergieStadion

Kapazität:
50.997 Sitz- und Stehplätze bei Bundesligaspielen
46.134 Sitzplätze bei internationalen Spielen
(alle Plätze sind überdacht)

Spielfeld: 105 Meter mal 68 Meter

Gebäude
Umfang: 860,60 Meter
Länge: 220,15 Meter
Breite: 180,15 Meter
Höhe Oberkante Lichtstele: 71,95 Meter
Höhe Oberkante Dachkonstruktion: 33,25 Meter

Neigungswinkel der Tribünen
Oberränge Süd, Nord, Ost: 33,8 Grad
Oberrang West: 35,4 Grad
Unterränge Süd, Nord, Ost: 26,6 Grad
Unterrang West: 26,4 Grad

Maximale Entfernung Sitzplätze zum Spielfeld:
ca. 61,45 Meter Oberränge Nord/Süd

Mininmale Entfernung Sitzplätze zum Spielfeld:
ca. 9,35 Meter Unterrang Ost/West

Stadion-Gesamtkosten:
117, 5 Mio. Euro (ohne Zufahrtsstraßen, Parkplätze etc.) Die Stadt Köln zahlt 27,5 Mio. Euro, den Rest die Kölner Sportstätten GmbH.

Hauptmieter ist der 1. FC Köln

Namensgeber ist die GEW Rheinenergie AG (Vertrag zunächst bis 2009).

Architekten: gmp – van Gerkan, Marg und Partner, Hamburg

Generalunternehmer: Max Bögl Bauunternehmung GmbH & Co. KG, Neumarkt

Projektsteuerung: STRUKTUR GmbH, Dortmund

[LITERATURHINWEISE

GeißbockEcho. Das aktuelle Club- und Stadionmagazin des 1. FC Köln (erscheint zu jedem Bundesliga-Heimspiel des 1. FC Köln)
Thomas Hardt u.a.: Hennes & Co. Die Geschichte des 1. FC Köln. Göttingen 2000
Gabi Langen/Thomas Deres: Müngersdorfer Stadion Köln. Köln 1998
Werner Skrentny (Hrsg.): Das große Buch der deutschen Fußball-Stadien. Göttingen 2001

[BILDNACHWEIS

Manfred Linke/laif: Titel
Haus des Kölner Sports: S. 36, 43, 46/47, 51, 53, 54
Horst Müller: S. 58/59
Partecke/Kölner Sportstätten GmbH: S. 6, 12, 19, 20, 26, 28, 31, 93
Randolf Pfeil: S. 9
Timm Rautert: S. 64, 72